F 2795
Bornot. Rouen.

RECUEIL

DES ANCIENNES

ET

NOUVELLES STATUTS,

LETTRES PATENTES , DIVERS ARREST
Du Conseil , & de la Cour du Parlement , Sentence
& Ordonnance de Police , concernant l'état du Corps
des Marchands Bonnetiers de la Ville , Fauxbourg &
banlieüe de Roüen.

Imprimé de l'année mil sept cens trente-six.

A ROVEN;
DE L'IMPRIMERIE DE PREVOST;
ruë Saint Vivien.

STATUTS
ET LETTRES PATENTES

DE L'ETAT ET METIER DE MARCHAND
Bonnetier en la Ville & Banlieuë de Roüen.

TOUS CEUX QUI CES PRESENTES Lettres verront ou orront Henry Lanceſtre Lieutenant General de Noble Homme Monſeigneur Guillaume Couſinot Chevalier, Seigneur de Montreüil Sur-le-Bois, Conſeiller du Roy nôtre Sire, & ſon Bailly de Roüen, ſalut : Sçavoir faiſons ; Nous aujourd'hui ſixiéme jour d'Avril l'an mil quatre cens cinquante, avant Pâques, avoir vû les Lettres Patentes du Roy nôtredit Seigneur, ſcellées en lacs de ſoye & cire verde, ſeins & entiers en ſcel & écritures, deſquelles la teneur enſuit,

CHARLES par la grace de Dieu, Roy de France, ſçavoir faiſons à tous preſens & avenir. Nous avons reçû l'humble ſupplication des Maîtres & Ouvriers du Métier de Chapellerie, Aumuſſerie, Bonneterie, Mytainnerie & apartenances, de nôtre Ville & Banlieuë de Roüen: Contenant, que pour l'entretenement d'icelui Métier en bonne police, & obvier aux fraudes, abus & déceptions qui chacun jour y pourroient être commiſes au préjudice de la choſe publique, leſdits Maîtres dudit

A 2

Métier ont fait faire certains Statuts & Ordonnances fur icelui Métier ; en ayant regard à certaines autres Ordonnances faites par Juftice, felon lefquelles icelui Métier a été au tems paffé réglé & gouverné ainfi qu'il peut apparoir par les Lettres de nôtre Bailly de Roüen, fcellées du fcel de fes Armes, defquelles la teneur enfuit.

A tous ceux qui ces prefentes Lettres verront ou orront : Guillaume Coufinot Chevalier, Seigneur de Montreüil fur le Bois, Confeiller du Roy nôtre Sire, & fon Bailly de Roüen, falut : Comme de la partie des Maîtres & Ouvriers du Métier de Chapellerie, Aumufferie, Bonneterie, Mytainerie & apartenances en la Ville & Banlieuë de Roüen, Nous a été de piença expofé que pour l'entretenement & gouvernement d'icelui Métier en bonne police, & obvier aux fraudes, abus & déceptions qui chacun jour y pouroient être commifes au préjudice du bien de la chofe publique, foit néceffité de faire conftituer & mettre Ordonnance fur celui Métier, en ayant regard aux autres Ordonnances faites par Juftice, felon lefquelles icelui Métier a été au tems paffé réglé & gouverné, de laquelle chofe faire iceux Maîtres & Ouvriers nous ayant plufieurs fois requis & fait requerir : Pourquoi Nous à celle fin avons vû & fait voir & vifiter lefdites Ordonnances, avec certains Articles baillez devers Nous de la partie d'iceux Maîtres & Ouvriers, qu'ils difent avoir fur ce advifez pour le bien & utilité de la chofe publique & dudit Métier, en chacun defquels Articles Nous ayons mis augmentation & aux autres diminutions & corrections : SÇAVOIR FAISONS, que Nous par grand avis & délibération en fur ce l'opinion des Avocat & Procureur du Roy nôtredit Seigneur, audit lieu de Roüen, & autres gens notables : veulent en ce & autres chofes garder & conferver le bien de la chofe publique avons fur ledit Métier de Chapellerie Aumufferie, Bonneterie, Mytainerie & appartenances, en aboliffant lefdites autres Ordonnances, conftruit & compofé & fait nouvelles Ordonnances felon la forme & teneur des Articles ci-après déclarez.

PREMIEREMENT.

QUE tous les Maîtres, Ouvriers & Apprentifs d'icelui Métier, prefens & avenir, en conformité de paix, concorde & fraternité, feront rendus de la Confrairie S. Sever, fondée en l'Eglife de Nôtre-Dame de Roüen, fi il leur plaît & fans être à ce contraint.

II. Item. Il y aura d'orfenavant audit Métier quatre Gardes, ainfi que de prefent font élûs par les Maîtres notables & fuffifans dudit Métier, avec les quatre Gardes de l'année précédente, lefquelles fe changeront & renouvelleront chacun an à Noël en la fin de l'an révolu, & feront devant le Bailly de Roüen ou fon Lieutenant le Serment en tel cas accoûtumé de bien & loyalement garder ledit Métier, & de raporter devant Juftice la fuffifance des Maîtres, qui pour cette année feront paffez Maîtres, & auffi le Serment des Apprentifs qui voudront apprendre.

ledit Métier , & même toutes les fraudes , fautes & fauſſetez qui pourront être faites & trouvées en icelui Métier , & les noms des quatre
Gardes qui pour cette année feront élûs comme dit eſt , & qui fera trouvé faiſant le contraire l'amendera de vingt ſols tournois , les deux parts
au Roy nôtre Sire & le tiers à ladite Confrairie S. Sever.

III. Item. Nul Maître d'icelui Métier ne pourra avoir ne tenir que
un Apprentif feulement , lequel pourra être quinze jours en l'hôtel de
ſon Maître pour voir & aviſer ſi le Métier lui ſuffira , & auſſi ſi l'A-
prenty ſuffira audit Maître : & s'il eſt ainſi que ledit Apprenty veüille
apprendre ledit Métier , ſondit Maître ne le pourra tenir ne mettre en
beſongne après iceux quinze jours qu'il ne le faſſe mener au Serment
devant ledit Bailly ou ſon Lieutenant par les Gardes d'icelui Métier ,
pour faire Serment comme Apprentif , & ne pourra avoir ni acquerir ledit Apprentif la franchiſe dudit Métier qu'il n'ait bien & convenablement ſervi ſondit Maître le tems & terme de quatre ans accomplis : &
auſſi ledit Maître fera tenu de lui montrer ce qu'il ſçaura dudit Métier de
Chappellerie & Aumuſſerie & appartenance , lequel Apprenty à l'entrée
de ſondit ſervice fera tenu payer cinq ſols tournois pour ſa boiſſon , avec
cinq ſols tournois à ladite Frairie S. Sever : qui fera trouvé faiſant le
contraire l'amendera de vingt ſols tournois , les deux parts au Roi nôtredit Seigneur , & le tiers à icelle Frairie.

IV. Item. Si un Apprentif après qu'il aura ſervi ſon tems & fait ſon
ſervice bien & loyalement , veüille lever & tenir ſon Ouvreur , il fera
tenu de faire un Chefd'œuvre ſuffiſant à la diſcretion de Juſtice , lequel
lui fera délivré par les quatre Gardes & par le conſentement de huit Maîtres dudit Métier , & auſſi viſité ſemblablement par iceux , & s'il eſt
trouvé ſuffiſant il fera raporté par les Gardes devers ledit Bailly ou ſon
Lieutenant , & fera Serment comme Maître , & payera pour ſa hance
quarante ſols au Roy nôtre Sire , & dix ſols tournois à ladite Frairie
S. Sever , & avec ce fera tenu ledit nouvel Maître payer trente ſols
tournois pour toutes ſes boiſſons pour le vin de ſa Maîtriſe , & qui fera
trouvé faiſant le contraire l'amendera de quarante ſols tournois , les deux
parts au Roy nôtre Seigneur , & le tiers à ladite Frairie de S. Sever.

V. Item. Si aucuns fils de Maître vouloit être paſſé Maître & tenir
ſon Ouvreur , premierement & avant ce qu'il le puiſſe faire il fera examiné par les quatre Gardes , & par ſix des Maîtres d'icelui Métier , &
raporteront leſdits Gardes la ſuffiſance devers le Bailly ou ſon Lieutenant , & payera ſa demie hance laquelle eſt de vingt ſols tournois au Roy
nôtre Sire , & cinq ſols à ladite Frairie , & vingt ſols tournois de vin
aux Maîtres , & qui fera trouvé faiſant le contraire l'amendera de vingt
ſols , apliquez comme deſſus eſt dit.

VI. Item. Nuls Ouvriers dudit Métier qui n'en ſont point paſſez
Maîtres , ne pourront ouvrer à perſonne , s'il n'eſt Maître dudit Métier,
ou à Femme veuye de Maître , & auſſi nul Maître dudit Métier ne pourra

ra ouvrer à icelui s'il n'eſt dudit Métier, ſi ce n'étoit œuvrer pour un Bourgeois pour ſon uſer au congé de Juſtice & des Gardes, ſans uſer de marchandiſes, & auſſi un Courtier de Laine. Maître dudit Métier ne poura faire beſongner pour lui, ne beſongner pour aucun, ſinon pour les Maîtres dudit Métier, pour eſchiver aux fraudes qui pouroient être commiſes & faites, & qui y ſera trouvé faiſant le contraire l'amendera de vingt ſols tournois, à apliquer comme deſſus eſt dit.

VII. Item. Tous les Maîtres dudit Métier ſeront tenus œuvrer de toutes bonnes étoffes & loyalles : C'eſt à ſçavoir pour faire Aumuſſes, Bonnets, Mitaines, Coeffettes & Cauchettes de bonne laine de ſaiſon, filée à tourel, & que ce ſoit droite laine, tondiche & peliche, pleure, crûë & faite après la mi-Aouſt durant juſques à tous Saints, & auſſi à faire Chapeaux de feûtres de bons Agnelins ou autre laine propre & convenable à ce, loyale & marchande ; & qui y ſera trouvé faiſant le contraire la denrée qui ſera ainſi trouvée venduë par les Gardes au profit de la Frairie S. Sever, & le délingant l'amendera de dix ſols tournois au Roy nôtre dit Seigneur.

VIII. Item. Que nul ne puiſſe retraire Aumuſſes ou Bonnets ne autres Ouvrages dudit métier s'il n'eſt de fil de laine ou de ſoye, bon & convenable, trayant à la couleur dont l'ouvrage ſera, ſur peine de cinq ſols tournois, à apliquer comme deſſus eſt dit.

IX. Item. Nul Maître dudit métier ne poura avoir ne tenir que un Ouvreur tant ſeulement ; & auſſi s'il avenoit que deux Maîtres dudit métier demeuraſſent enſemble, ils ne pourront avoir ne tenir qu'un Ouvreur & un Apprenty tant ſeulement, & ne pourra nul Maître dudit métier tenir Ouvreur ny avoir Apprenty ſinon à ſa beſongne, & ſemblablement les Vallets beſongnant à leur métier ne pouront d'icelui métier faire ne uſer de marchandiſes pour eux, ſinon à leur Maître, & qui en ſera trouvé faiſant le contraire l'amendera de quarante ſols tournois, à appliquer les deux parts au Roy nôtredit Seigneur, & le tiers à ladite Frairie S. Sever.

X. Item. Dorſenavant nul Maître dudit métier alors qu'il œuvrera pour ſoy en ſa beſongne, ne pourra pas faire autre œuvre ne beſongner à la beſongne des maîtres dudit métier pour les changemens des Ouvrages qui pourroient être faits, & pour échiver aux fraudes qui s'en pouroient enſuivre, & s'il beſongne en autre œuvre que en la ſienne ſon œuvre ceſſera du tout, & qui en ce ſera trouvé faiſant le contraire l'amendera de quarante ſols, à appliquer comme deſſus eſt dit.

XI. Item. Les Maîtres & Ouvriers dudit métier ſeront tenus ouvrer de tous outils à uſage de Aumuſſerie, c'eſt à ſçavoir de Chardon, de Chiſaille, ſans moufle, ſans guerde & ſans forces à tondre Draps, excepté que ladite guerde l'on pourra broeſſer tout l'ouvrage après ce qu'il ſera teint, pour le démêler tant ſeulement, & ſeront tenus leſdits Maîtres & Ouvriers fouller ou faire fouller ſur établie à la main tant ſeulement, sans fouller au pied; & qui sera trouvé faisant le contraire l'amendera, c'est à sçavoir pour chacune Aumusse vingt sols tournois, & pour chacun Bonnet deux sols six deniers tournois, les deux parts au Roy nôtre Sire, & le tiers à ladite Frairie S. Sever, & si renouvellera son Serment devant Justice.

XII. Item. Nuls Maîtres ne Ouvriers dudit métier ne pourront commencer à œuvrer jusqu'à ce que l'Eglise Nôtre Dame soit sonnée, pourvû qu'il soit jour, & laisser œuvrer à jour failly, & pourra l'en besongner à la chandelle, mais qu'il soit jour & qui sera trouvé faisant le contraire l'amendera de dix sols tournois, les deux parts au Roy & le tiers à la Frairie de S. Sever.

XIII. Item. Nul Maître dudit métier ne pourra avoir qu'un fils de Maître avec son Apprenty, jusques à ce que le tems & terme de son Apprenty soit accompli selon l'Ordonnance & se aucun maître vouloit tenir ses enfans en besongne, il les pourra tenir avec lui pourvû qu'ils soient légitimes, & qui en sera trouvé faisant le contraire l'amendera de vingt sols tournois, les deux parts au Roy nôtre Seigneur & le tiers à la Frairie S. Sever.

XIV. Item. Nuls Maîtres & Ouvriers dudit métier ne pourront œuvrer, ne faire œuvrer au jour de Samedy depuis None sonnée ni aux vigiles de Dieu & de nôtre Dame, comme les vigiles de Noël, de la Circoncision, de l'Epiphanie, l'Ascension, le S. Sacrement, la Trinité, S. Sauveur, la Pentecôte, Ste Croix, la Toussaints, ne toutes les Vigiles jeûnables, comme Apôtres, Evangelistes & Martyrs, ou autres Vigiles commandées en sainte Eglise jeûner; mais aux Vigiles d'Apôtres qui ne sont commandées à jeûner, l'on pourra besongner jusques au retret de None Nôtre-Dame, & aussi l'on ne pourra ouvrer ne besongner le jour des Fêtes commandées en sainte Eglise à fêter, & en tems que le commun en fête; & qui en sera trouvé faisant le contraire l'amendera de dix sols tournois, à apliquer comme dessus est dit.

XV. Item. Nuls Maîtres dudit métier ne pourront taindre ni faire taindre leurs denrées & Marchandises, sinon en bonnes couleurs, loyales & marchandes, & ne les pourront vendre ne plenir comme teintes en graine ni en demie graine si elles ne le sont expressément, & ne les pourront taindre en bourre ne en bresil, ne en suie, ne en moullée, ne en autres fausses & mauvaises couleurs, & la denrée qui ainsi sera trouvée en mauvaise couleur, sera remise en état dû par les Gardes, & vendus au profit d'icelui qu'il apartiendra, afin que aucun ne soit par lui déçû, excepté Chapeaux de feûtre que l'on pourra taindre en moullée & en couleurs, ainsi que l'on a coûtume; & qui en sera trouvé faisant le contraire, l'amendera de vingt sols tournois, à apliquer comme dessus est dit.

XVI. Item. Si aucun dudit Métier étoit trouvé avoir fait vieil ouvrage, rafraîchi & mis en exemple de neuf, pour revendre à son profit, vû & vifité ledit ouvrage vieille par les Gardes & Maîtres dudit métier , tout l'ouvrage que ainfi fera trouvé fera vendu par iceux Gardes & par un Sergeant , & en fera l'argent mis au profit de ladite Frairie de S. Sever , & fi l'amendera le delinguant de dix fols tournois , à apliquer comme deffus eft dit.

XVII. Item. Si aucun du métier étant trouvé en fauceté , mauvaiſeté, diffame ou larron , il fera puni par Juſtice, an & jour dudit métier , ſans que nul le tienne , mette , ne faſſe mettre en befongne , & celui qui ſera trouvé avoir fait le contraire l'amendera de quarante fols , & les deux parts au Roy nôtre Sire , & le tiers à ladite Frairie S. Sever.

XVIII. Item. Aucun Ouvrier venant de dehors en ladite ville de Roüen , ne pourra ouvrer ne befongner en ladite Ville & banlieuë comme Maître , ne tenir Ouvreur , qu'il ne foit tenu de faire Chefd'œuvre , & ne pourra avoir ne acquerir la franchife dudit métier , pour en être paſſé Maître , ſans faire premierement ledit Chef-d'œuvre au regard de Juſtice & des Gardes dudit métier , & s'il eft trouvé ouvrier de ce faire , il fera paſſé maître & ouvrier en ladite Ville & Banlieuë , & payera ſa hance au Roy nôtre dit Seigneur , laquelle eft de quarante fols tournois , & à la Frairie de S. Sever dix fols tournois , & aufdits Maîtres dudit métier quarante fols tournois pour le vin de ſa Maîtriſe , & ne pourront les Gardes dud. métier vifiter ſa ſuffiſance ſans apeller avec eux les Maîtres & Ouvriers dud. métier , juſques au nombre de huit , ainfi que deffus eft dit , s'il étoit ainfi que icelui Ouvrier ne ſçût faire Chapeaux & Aumuſſes & leurs apartenances , il ne feroit paſſé Ouvrier à befongner que de ce qu'il ſçauroit faire , & en ce cas ne payeroit que demie hance & demie boiſſon. Et ce aucun Ouvrier venant de dehors en lad. Ville il pourroit befongner en l'hôtel des Maîtres tant ſeulement pour gagner ſa vie, pourvû qu'il ne pouroit befongner plus de quinze jours en lad. Ville , ſans faire Serment à Juſtice de bien befongner & loyalement d'iceluy métier felon les Ordonnances , & qui en fera trouvé faiſant le contraire l'amendera de vingt fols tournois , à appliquer comme deffus eft dit.

XIX. Item. Si aucuns Marchands venant de dehors apportent ou font apporter en lad. Ville & banlieuë aucunes denrées , c'eſt à ſçavoir Chapeaux de feûtres, Aumuſſes, Bonnets, Chauffettes, Mytaines, Coiffettes ou des appartenances , ils ne les pourront expofer , ne mettre en vente , ne les délier , ne defemballer ſans autorité de Juſtice , & en la prefence des Gardes d'iceluy métier qui les verront & vifiteront, leſquels Marchands feront tenus de venir querir leſdits Gardes pour voir & vifiter leur dite denrée , & fi icelles denrées ſont trouvées bonnes , il les pourront vendre à leur profit , & fi elles ſont trouvées fauſſes , elles feront renvoyées , & feront tenus lefd. Marchands de rapporter ou renvoyer certification du lieu où elles auront été venduës , & qui fera trouvé avoir fait ce contraire l'amendera de quarante fols tournois , à appliquer comme deffus eft dit. XX.

XX. Item. S'il avient que une femme de Maître dudit métier demeu-raſt veuve , elle ne pourra tenir ſon Ouvreur fors tant qu'elle ſe tiendra de marier ; & ſe au devant du trépas de ſon dit mary s'il y avoit un Apprenti , elle le poura tenir juſques à ſon terme de quatre ans accom-plis , pourvû qu'elle le puiſſe embeſongner de ſoi , & ſe elle ſe marie à homme qui ne ſoit du métier ou ſe fille de Maître ſe marioit pareille-ment elle perdra ſa franchiſe , & ſera ledit Apprenty pourvû par les Gar-des à parfaire ſon dit ſervice , & qui en ſera trouvé faiſant le contraire l'amendera de vingt ſols tournois , à appliquer comme deſſus eſt dit.

XXI. Item. Nuls Maîtres dudit métier ne pourront prendre à alouer ne faire marché avec le varlet d'un autre Maître juſques à ce que il aye fait ſon ſervice à ſon Maître ſur peine de quarante ſols tournois d'amen-de , à appliquer comme dit eſt , leſquels quarante ſols ſera tenu payer le maître qui ainſi l'aura fait , & le ſerviteur qui ainſi s'alouroit l'amende-roit ſemblablement , à appliquer comme deſſus.

XXII. Item. Auſſi nul Maître dudit métier ne pourra vendre le droit de ſon Apprenty ne le bailler à un autre , & ſi n'eſt par autorité de Ju-ſtice , appellez les Gardes dudit metier , & s'il étoit ainſi que un des Maîtres dud. métier baillât à beſongner à un Maître qui auroit Appren-ti , iceux deux Maîtres l'amenderont de chacun quarante ſols tournois , à appliquer comme deſſus eſt dit.

XXIII. Item. Si aucuns Laſcheurs ou Laſchereſſes d'Aumuſſes , Bon-nets , Coiffettes , Mytaines , Chauſſettes & autres appartenances , font à l'éguille mauvaiſes coûtures ou œuvres mauvaiſement façonnées , ils l'amenderont , & ſi ſera la piéce d'œuvre de piecée & refaite à leurs dé-pens , & avec ce ne pourront prendre à faire ouvrage à homme qui ne ſoit Maître dud. metier ou Bourgeois pour ſon uſer , pour obvier aux fraudes & mauvaiſetez qui pouroient être faites , tant des demeurants des fils que pour autres mauvaiſetez qui s'en pouroient enſuivre , & qui en ce ſera trouvé faiſant le contraire l'amendera de trois ſols tournois , à appliquer comme deſſus.

XXIV. Item. Nuls des Maîtres & Ouvriers dudit métier ne pourront faire ouvrer dudit métier leurs Varlets ne leurs Chambrieres , ne autres Perſonnes , s'ils ne ſont du Serment dud. métier , à peine de quarante ſols , à appliquer comme deſſus eſt dit.

XXV. Item. Si aucun Maître dudit métier avoit un Apprenti pour ſer-vir le temps contenu en ladite Ordonnance , & il avenoit que icelui Apprenty laiſſât ſon Maître , le Maître n'aura point d'autre Apprenty tant que ledit Apprenty vive , ou juſque à ce que le temps de lad. Or-donnance ſoit accomply , ou que ledit Apprenty ait renoncé audit métier , & auſſi l'Apprenty n'aquerera point la franchiſe.

XXVI. Item. Aucun Maître dudit métier ne pourra faire ouvrage dou-ble de deux laines , ſi la laine n'eſt auſſi bonne d'un côté comme de l'au-tre , à peine de vingt ſols tournois , à appliquer comme deſſus eſt dit.

B

XXVII. Item. Aucun ne aucune dudit métier ne pourront vendre Ouvrage fi il n'eft foullé & appareillé bien & dûëment, à peine de vingt fols tournois, à appliquer comme deffus eft dit.

XXVIII. Item. Les Maîtres dud. métier ne pourront teindre leurs Aumuffes, Bonnets & appartenances, fi ce n'eft à la lueur du jour durant ; mais les pourront bouillir à quelques heures qu'il leur plaira fans aucun contredit, pourvû que l'ouvrage foit bien & fuffifamment appareillé, tondu, & qui en ce fera trouvé faifant le contraire l'amendera de cinq fols tournois, à appliquer comme deffus eft dit.

XXIX. Item. Les Filereffes d'iceluy métier feront tenuës bien querder & bien filler la laine des Maîtres dud. métier, & fi elles font trouvées faifant aucune mauvaifetié, comme de changer la laine ou de mouiller le fillé, ou autres faulcetez, elles en feront tenuës de rendre la laine ou la valleur du prix qu'elle valloit quand elle leur fuft baillée, & fi l'amendera celle qui ainfi fera trouvée en faute de cinq fols, à appliquer comme deffus eft dit, avec telle punition qui luy fera enjointe par Juftice felon le cas.

XXX. Item. Si aucun fouloit aucunes Aumuffes ou autres chofes dud. métier de terre à foullon, il ne pourroit mettre en befongne autre terre que de celle de la Ville, fur peine de cinq f. tournois d'amende, à appliquer comme deffus eft dit.

De laquelle Ordonnance deffus tranfcrite tenir, garder & conferver fans enfraindre, lefd. Maîtres & Ouvriers dudit Métier feront devant Nous ou notre Lieutenant le Serment en tel cas accoûtumé, en & fur les amendes, corrections & punitions ci-devant déclarées, efquelles des maintenant pour lors Nous declarons les tranfgreffeurs d'icelle Ordonnance être enchûs & encourus pour chacune fois qu'ils y feront trouvez, & laquelle Ordonnance durera jufques au bon plaifir de Nous & de nos Succeffeurs Baillifs, lefquels la pourront croître ou amenuifer comme bon leur femblera pour le bien public & commun profit. Si donnons en Mandement à tous les Maîtres & Ouvriers dudit métier, qui pour le prefent font & au temps à venir feront, que ladite Ordonnance ils tiennent & gardent, & faffent tenir & garder, fans enfraindre en aucune maniere. En témoin de ce Nous avons feellé ces Prefentes du fcel de nos Armes en l'abfence des Sceaux dud. Bailliage. Cé fut fait & donné l'an de grace mil quatre cens cinquante, le traifiéme jour de Mars, & Nous requerant iceux Statuts & Ordonnances qui font faites pour le bien de la chofe publique, avoir agréable, & iceux confirmer & approuver, & fur ce leur en octroyer nos Lettres. Pourquoi Nous les chofes confidérées, qui defirons bonne Police & Ordonnance être faites, tenuës & gardées fur le fait des Métiers de notre Royaume pour le bien de la chofe publique d'iceluy, iceux Statuts & Ordonnances avons louez, agréez & approuvez, & confirmez par ces Prefentes de graces fpeciales, pleine puiffance & autorité Royale ; loüons, gréons, approuvons & confirmons, voullons & ordonnons lefd. Statuts & Ordonnances avoir lieu , & foient dorefenavant tenus & gardez fans enfraindre en ladite Ville & banlieuë de Roüen. Si donnons en mandement par ces mêmes Prefentes aud. Bailly de Roüen , & à tous autres Jufticiers & Officiers , ou à leurs Lieutenans prefens & à venir & à chacun d'eux fi comme à lui appartiendra que lefdits Statuts & Ordonnances ils tiennent & gardent, & faffe tenir & entretenir & garder de point en point felon leur forme & teneur , fans aller ne fouffrir aller ne venir en aucune maniere au contraire , ainçois que ceux qui feront ou feront trouvez faifants & avoir fait le contraire , faffent punition felon le contenu efdites Ordonnances , comme tranfgreffeurs de Statuts , d'Edit & Ordonnance Royal : car ainfi nous plaît , & voulons être fait ; Et afin que ce foit chofe ferme & ftable à toûjours , Nous avons fait mettre notre Scel à ces Prefentes , faouf & autres chofes nôtre droit & l'autruy en toutes. Donné à Tours au mois de Mars l'an de grace mil quatre cens cinquante , & de nôtre régne le vingt-neuf. Ainfi figné fur le repli , *Par le Roy* , à la relation du Confeil , *Vifa* Coutentor Châligant. Et fcellé d'un grand Sceau de Cire verde , en lacs de foye rouge & verde.

AUGMENTATION DE DEUX GARDES,
& explication de plufieurs Articles des precedens Statuts.

Du 16 Decembre 1455.

A TOUS CEUX QUI CES PRESENTES LETTRES verront ou orront , Pierre Daron Lieutenant General de Noble Homme Monfeigneur Guillaume Caufmont Chevalier , Seigneur de Montereul fur les Bois , Confeiller du Roy nôtre Sire , & fon Bailly de Roüen , Salut. Comme de la partie des Maîtres , Gardes & Ouvriers du Métier de Bonneterie , Chappellerie , Aumufferie , Mytainerie & appartenances , de cette Ville de Roüen , nous ayent n'agueres expofé que depuis la reduction de lad. Ville en l'obeïffance du Roy nôtre Sire certains Statuts & Ordonnances ayent été faits par mondit Seigneur le Bailly , & confirmez par le Roy nôtre Seigneur , pour l'entretient , police & gouvernement d'iceluy Métier , & pour obvier aux abus & fraudes & deceptions qui pouroient être commifes au préjudice du bien de la chofe publique , depuis lefquelles Ordonnances faites & avifé par iceux , expofant qu'il étoit expedient & néceffaire à leur avis & confciences de donner interprétation & entendement à aucuns Articles en icelle Ordonnance contenus , & y ajoûter aucuns autres pour le bien & entretenement defdites Ordonnances & dudit Métier , fous la licence & autorité de Juftice , dont ils nous ont inftamment requis , & lefquels Articles ils

B 2

ayent mis devers Nous par écrit , contenant la forme qui enfuit.

PREMIEREMENT. Comme il foit ainfi que depuis icelles Ordonnances faites & confirmées comme dit eft ledit Métier foit grandement acru & augmenté en nombre de Maîtres & Ouvriers , tant de la prinfe d'icelle Ville que d'autres qui y font venus demeurer de dehors ; parquoy bonnement le nombre des quatre Gardes qui par lefdites Ordonnances y font établis ne pourroient bonnement fuffire à faire les recherches & vifitations qu'il convient faire fur les Ouvrages tant aux Hôtieux des Maîtres dudit Métier , comme és Hôtels des Merciers & fur les Ouvrages venant de dehors , comme il feroit expedient & requis , femble que bon foit que outre le nombre d'iceux quatre Gardes y fuffent mis & ajoûtez deux autres Gardes de ceux qui auroient été l'année precedente , ainfi feroient fix Gardes élûs chacun an par les Maîtres dudit Métier , & jurez par Juftice au terme de Noël en la maniere accoûtumée ; lefquels quatre nouveaux Gardes ne puiffent amener au Serment aucuns Maîtres , Apprentifs ne Ouvriers , ne mouvoir procés , ne faire aucunes chofes touchant ledit Métier fans le Confeil & déliberation de deux Gardes de l'année précedente , ou fans les appeller , & femblablement que en toutes les affaires qui peuvent furvenir audit Métier touchant les Procés & debats qui fe peuvent mouvoir , ou és autres chofes en quoi il pourroit avoir difficulté , iceux fix Gardes pour efchiver aux travaux , murmures & difcords des autres Maîtres dudit Métier , & aux Affemblées qui leur conviendroit faire aux caufes devant dites , puiffent appeller huit des Maîtres dud. Métier ayent pouvoir & autorité au nom de la Communauté d'icelle de déliberer enfemble fur le fait defdits difcords & Procés , de voir & vifiter les Ouvrages & fuffifances des Ouvriers venant de dehors qui voudroient être amenez au Serment pour befongner dud. Métier en l'Hôtel des Maîtres de ladite Ville , & que iceux huit Adjoints ne foient pas renouvellez ne changez chacun an , ne comme les fix Gardes ; mais demeurent à la volonté & déliberation des Maîtres dudit Métier à changer ou les aucuns d'eux , quand ils verront que bien fera.

II. Item , femblablement pource que plufieurs eux difans Ouvriers dud. Métier , viennent de dehors & de plufieurs contrées , & affluent chacun jour en cette Ville de Roüen pour befongner dudit Métier , femble que bon feroit que nul dud. Métier ainfi venant de dehors ne foit reçû comme Ouvrier à befongner en l'Hôtel des Maîtres en ladite Ville fi il ne fait fa fuffifance , & qu'il foit trouvé fuffifant pour œuvrer dud. Métier , & auffi que iceux venans de dehors foient tenus fervir le contenu en l'Ordonnance fi ils veulent être paffez Maîtres , ou faire Chef-d'œuvre des efpeces d'Ouvrages contenus en ladite Ordonnance , & raportés par iceux Gardes en l'Hôtel de mondit Seigneur le Bailly , ainfi qu'il eft accoûtumé , & que contenu eft en icelles Ordonnances.

III. Item. Et femblablement pour efchiver les debats & difcords qui

advenoient & pouvoient advenir souvent, à cause de ce que esdites Ordonnances est contenu que lesd. Maîtres seroient tenus laisser œuvrer au
jour failly en toutes les saisons de l'an, qui n'est pas heure certaine,
semble que és jours d'Hyver l'on peut bien besongner à la chandelle
jusques du son de querseu en l'Eglise Nôtre-Dame de Roüen ; c'est à
sçavoir depuis la S. Michel jusques à Pâques, & temps d'Esté jusques
au son de huit heures seulement depuis Pâques à la S Michel.

Sçavoir faisons pour enquerir & reconnoître se desdits Articles ve-
noient & procedoient de vouloir & certaine science de la Communauté
dud. métier ou de la plus grande & saine partie d'iceluy, nous avons
fait venir & assembler par-devant Nous à plusieurs & diverses fois &
journées les Maîtres & Ouvriers dudit métier, dont les noms ensuivent :
C'est à sçavoir, Collin Descamps, Pacollin Thomassel, Collin de Grou-
chel, Guillaume Coultrol, Gardes dudit métier, Robert de Grouchel,
Jean Dubosc, Jean Delarue, Noël Grosse, Pierre Bouquetin, Emon-
din le Vallois l'aîné, Jean du Douel, Jean Piart, Bardin le Caron,
Jean Pore, Jean Quinel, Simon Thomasset, Robin le Doys l'aîné,
Jean le Coq, Jean Alleaume l'aîné, Jean le Vallois le jeune, Pierre
Bocquet, Jean Costart l'aîné, Marguerin Leger, Naudin le Compte,
Jean Heron, Robin Frefmont, Jean Alleaume le jeune, Thomassin
Bataille, Martin Godestar, Robin le Prevost, Jean Godon l'aîné,
Collin Petu, Jean Pain, Thomassin Allais, Jean Daniel, Robinet de
Grouge le jeune, Robinet le Dois le jeune, Naudin le jeune, Clement
le Roux, Jean Canu, Henry le Marié, Guillemin Vieil, Jeufroy Gre-
net, Girard Rebullet, Jean Courtil, Denis Martel, Perrin le Febvre,
Robin de la Guette, Girardin Delamare, Andrieu Rennuel, Collin de
Hotor, Jean le Masson, Aignan Grenet, Collin le Villain, Jean de
Bellengnes, Jacques Boüillon, Guillaume le Courtois, Jean Fumée,
Henry de Bavent, Martin de Putot, Perchin Trenchant, Berenger
Allain, Guillaume Celle le jeune, Emondin le Vallois le jeune, Guil-
laume Simon, Marguerin de Freville, Jean Godon le jeune, Jean
Bare, Robin le Doux, Jean le Marquer, Martin le Marquer, &
Guillaume le Noble : Tous maîtres & Ouvriers d'iceluy métier de
Chappellier Bonneterie, Aumusserie, mytainerie & ses appartenances.
Pierre le Mallier, Jean Vermisson, Robinet Gires, & Simon Hullin,
maîtres & Ouvriers de Chappellerie de Feûtres seulement, representans
la plus grande & saine partie, voire presque tous ceux de ladite Communauté, ausquels nous avons fait lire & entendre le contenu esdits
Articles, & leur demander s'ils les vouloient consentir & accorder, &
se à leurs avis & consciences iceux Articles étoient nécessaires & propices
pour être employées, mis & ajoûtez avec leursdites Ordonnances, se ils
pouvoient faire ou porter aucuns dommages ou préjudice à leurdit métier, ne au bien de la chose publique ; lesquels accordablement nous ont
rapporté témoignage, & affermé que pour le bien de la chose publique

& dudit métier , & auffi pour efchiver aux abus , noifes & divifions qui fouvent avenoient par deffauts de la provifion contenus en iceux Articles , & encor plus pouroient avenir fe provifion n'y étoit mife ; Ils avoient enfembles , & par grandes & meures deliberations , avifé fait & compofé lefd. Articles , lefquels derechef ils nous prefentent , & nous requierent inftamment l'effet & accompliffement d'icelles : Et ce fait , avons en & fur l'avis & déliberation avec les Confeillers , Procureur & plufieurs autres Officiers du Roy audit lieu de Roüen , Oüi l'Opinion defquels , à laquelle nous nous accordons : NOUS AVONS DIT & declaré , difons & déclarons que iceux Articles ceux dudit métier pouront joüir , jufques à ce que par le Roy nôtre dit Seigneur foient confirmez , employez & avoüez avec les Ordonnances dudit Métier , confirmez par ledit Seigneur , ou que iceluy Seigneur en foit autrement ordonné , fur les peines efdites Ordonnances contenuës , ou fur telles peines arbitraires , felon le cas , que par Juftice fera ordonné. Si donnons en Mandement par ces Prefentes aux Maîtres & Ouvriers dudit Métier , qui pour le prefent foit , pour le temps advenir feront , & autres qu'il appartiendra que lefdites Ordonnances & Additions ils tiennent & gardent , & faffent tenir & garder , fans enfraindre en aucune maniere. En témoin de ce nous avons fcellé ces Prefentes de nôtre Scel, & agrémeur & cognoiffance y a été mis le grand Scel aux caufes dudit Bailliage. Ce fut fait le feiziéme jour de Décembre l'an de grace mil quatre cens cinquante cinq. Ainfi figné, JEAN DAUTIGNY.

ARREST DU PARLEMENT,

EN FAVEUR DE L'ETAT ET METIER de Marchand Bonnetier-Chapelier , contre les Marchands Merciers de cette Ville , du 8. Février 1694.

LOUIS PAR LA GRACE DE DIEU , ROY DE FRANCE ET DE NAVARRE ; A tous ceux qui ces Lettres verront, falut. Sçavoir faifons qu'en la Caufe dévolute en nôtre Cour de Parlement entre les Maîtres & Gardes de l'Etat & Métier de Marchand Bonnetier-Chapelier en cette Ville & Banlieuë de Roüen, Demandeurs en Aprochement des 26 Novembre 1685 , & 10 Décembre 1686 , & Deffendeurs en autre Aprochement du 9 dudit mois de Décembre 1686. d'une part. Jean Lierville, Nicolas Maillard, & Thomas le Hoüe Merciers-Groffiers en cette ditte Ville , & les Maîtres & Gardes dudit Etat de Mercier Groffier à Roüen , Deffendeurs defdits

Aprochemens des 26 Novembre, & 10 Décembre 1686, & Demandeurs audit Aprochement du 9 dudit mois de Décembre d'autre part. VEU PAR NOTRE COUR l'Arrêt d'icelle du 24 jour de Janvier 1689, par lequel du consentement des Parties l'instance auroit été évocquée du Bailliage de Roüen en la Cour, & ordonné que sur icelle lesdites Parties écriroient & produiroient plus amplement, pour ce fait & communiqué à nôtre Procureur Général du Roy, être ordonné ce qu'il appartiendroit, signifié le 17 Février audit an 1689. Copie des Statuts & Réglemens du Métier de Chapelier-Aumussier, Bonnetier-Mitainier à Roüen, accordez aux Maîtres dudit Métier par le Bailly dudit Roüen le 13 Mars 1450, avec les Lettres Patentes de Charles VII. Roy de France du même mois de Mars 1450, de confirmation desdits Statuts. Sentence renduë audit Bailliage de Roüen le 16 Décembre 1455, par forme d'adition ausdits Statuts & Réglemens au sujet du nombre des Gardes dudit Métier. Autre Sentence donnée audit Bailliage le 2 Décembre 1493, pour raison du tems de l'Aprentissage de ceux qui ne voudront être que simples Chapeliers. Autre Sentence renduë audit Bailliage le 12 Avril 1496 entre les Maîtres dudit Métier de Chapelier & les Maîtres & Gardes de celui de Bonnetier-Aumussier, & appartenance, en la presence des Avocats & Procureur du Roy, & des Echevins de cette Ville, portant Réglement au sujet de l'exercice desdites deux Branches de Métier de Bonnetiers Chapelier qui font un même Corps, sur les differens mûs entr'eux. Arrêt du Parlement de Paris du 20 Aoust 1575, rendu entre les Maîtres & Gardes du métier & Communauté des Marchands Bonnetiers en ladite Ville, & les Maîtres & Gardes Merciers audit lieu sur l'Apel de deux Sentences renduës au Châtelet en consequence de plusieurs Saisies & Aprochemens à la Requête desdits Bonnetiers sur divers Particuliers Merciers, par lequel Arrêt auroit été interdit & deffendu ausd. Merciers la manufacture des Ouvrages de Bonneterie soit de Laine, Estaim, Cotton ou Soye, ainsi que l'Etalage & debit Piéce à Piéce desd. Ouvrages & Marchandises faite en lad. Ville, mais seulement en gros, fixains & sous corde, & à l'égard des Ouvrages de ladite Bonneterie aportez de dehors en ladite Ville l'Estalage, & debit en gros & Piéce à Piéce est permis ausdits Bonnetiers, icelui deffendu ausdits Merciers sinon en gros, fixains sous corde seulement, & quant aux Ouvrages de Bonneterie de Soye aportez de dehors en ladite Ville, en est aussi l'Estalage, & debit en gros & détail ausd. Bonnetiers. Autre Sentence du Bailly de Roüen du 29 Avril 1596, portant deffenses aux Bonnetiers Chapeliers de faire fouller les Bonnets & Tocques au moulin, mais bien par leurs Jurez Ouvriers au pied & à la main. Copies de Lettres Patentes du Roy du mois d'Octobre audit an 1596, portant confirmation des Statuts, Réglemens & Priviléges desdits Bonnetiers-Chapeliers de Roüen. Statuts & Ordonnances des Bonnetiers de Pa-

ris de l'année 1608. Quittance de Finance de la somme de 500 livres
payées par les Gardes dud. métier de Bonnetier-Chapelier à Roüen pour
la Taxe sur eux faite au Conseil du Roy pour le droit de confirmation
dû à Sa Majesté à cause de son avenement à la Couronne , pour joüir des
Privileges dudit métier suivant la Déclaration du 24 Octobre 1643. ladite Quitance dattée du 17 Février 1644. Sentence renduë audit Bailliage de Roüen le 20 Décembre audit an 1644, par laquelle auroit été
permis ausd. Merciers de se servir de Presses , Feüillets de bois , & Formes pour presser & mettre en forme les bas d'Estames qu'ils achetent des
Marchands Forains & Etrangers. Relief d'apel de ladite Sentence obtenu par les Maîtres & Gardes dudit métier de Bonnetier-Chapelier le 10
Aoust 1645 , & Exploit du 17 dudit mois de signification faite d'icelui
ausd. Merciers , avec Assignation en la Cour. Sentence renduë audit Bailliage de Roüen le 4 jour de Septembre 1654 , entre lesdits Bonnetiers
Chapeliers , & Pierre Roger Marchand à Verneüil. Arrêt du Conseil d'E-
tat du 11 Mars 1673, qui auroit confirmé lesdits Bonnetiers-Chapeliers
de Roüen dans l'Usage & possession d'exercer lesd. deux Branches , à
condition néanmoins qu'ils ne pourront faire l'exercice de tous deux en
même-tems. Copie de Sentence renduë au Châtelet de Paris du 26
May 1682 , entre les Maîtres & Gardes Bonnetiers de lad. Ville , &
François Rollin Mercier audit lieu en la presence des Gardes Merciers ,
par laquelle auroit été dit que l'Arrêt du Parlement de Paris du 20
Aoust 1575 , sera executé selon sa forme & teneur , & ce faisant permis
ausdits Merciers de faire venir & acheter toutes sortes de marchandises
de Bonneterie hors l'étenduë de 20 lieuës de lad. Ville de Paris , &
les vendre aux termes dudit Arrêt de 1575 , par sixains sous balles &
sous cordes , deffenses à eux faites d'en acheter & faire venir dans l'é-
tenduë desd. 20 lieuës à peine de confiscation. Requête presentée par lesd.
Maîtres & Gardes Bonnetiers-Chapeliers de Roüen au Lieutenant Général dudit lieu le 28 Aoust 1685 , avec l'Ordonnance renduë sur icelle ledit jour , qui lui auroit accordé Mandement aux fins de faire venir ledit
Ierville pour se voir condamner à fermer la Boutique qu'il avoit ouverte
pour y vendre , & debiter des Marchandises entierement dépendantes de
leur métier , avec amende , intérêts & dépens , & permis à eux de faire
dresser Procès-Verbal des Marchandises & Ustenciles dud. métier en la
maniere qu'elles se trouveroient , tant dans ladite Boutique , que dans les
autres Aiftres de la maison dudit Ierville. Sentence renduë audit Bailliage
de Roüen le 6 de Septembre audit an 1585. Autre Requête presentée
audit Lieutenant Général de Roüen par lesd. Bonnetiers-Chapeliers le
25 jour de Novembre ensuivant , avec l'Ordonnance renduë sur icelle ledit jour , qui leur auroit accordé mandement aux fins de faire pareillement venir led. Ierville continuant ses entreprises sur leurdit métier, pour
voir juger la confiscation des Marchandises , Ustenciles & Outils servant
aud. métier pour autant qu'il s'en trouveroit en la maison & Boutique
dud.

dud. Ierville , & autres lieux en dépendantes , & lui être fait deffenfes d'entreprendre à l'avenir fur leurdit métier avec intérêt & dépens aufquels il feroit condamné , & cependant permis à eux de faire dreffer Procès-Verbal par Me Nicolas Plaimpel premier Huiffier aud. Bailliage de Roüen defd. Marchandifes & Uftenciles & Outils , enfuite de laquelle Requête & Ordonnance eft le Procès-Verbal qui en auroit été dreffé par led. Plaimpel le 26 dudit mois de Novembre , portant en outre Affignation donnée audit Ierville à comparoir audit Bailliage de Roüen pour procéder fur les fins dud. mandement & fur led. Procès-Verbal. Autre Requête prefentée par lefd. Bonnetiers-Chapeliers aud. Lieutenant Général de Roüen le 10 Décembre 1686 , avec l'Ordonnance renduë fur icelle led. jour , qui leur auroit permis de faire dreffer Procès-Verbal de l'état des Boutiques des Merciers , de leur Eftalage des Marchandifes & Outils fervans audit métier de Bonnetier , étant dans icelles & dans les autres aiftres de leurs maifons , où ils pourroient entrer affiftez d'un Officier , & en cas d'opofition ou empêchement mandement. Procès-Verbal de Nicolas le Cauchois Sergent Roïal audit Roüen du 10 dudit mois de Decembre 1686 , contenant le nombre des Marchandifes , Outils fervans audit métier de Bonnetier qu'ils auroient trouvé à l'Etallage des Boutiques defd. Maillard & le Hoüé merciers , avec Affignation par luï donnée aud. Maillard aud. Bailliage de Roüen , pour procéder fur les fins de la fufdite Requête , & empêchement par lui formé à la continuation dud. Procès-Verbal en plus avant dans fadite Boutique arriere-boutique où led. le Cauchois prétendoit entrer pour cet effet de la requifition defd. Gardes Bonnetiers-Chapeliers , & l'Ordonnance du Lieutenant particulier civil aud. Bailliage de Roüen , devant lequel led. Houë & lefdits Gardes furent oüis portant renvoy des Parties au lendemain à l'Audience dudit Bailliage. Copies d'Arrêts de la Cour des 11 May 1604 , 30 Juillet 1607 , & 27 Aouft 1610. Sentence renduë aud. Bailliage de Roüen le 5 Juillet 1640 , entre lefdits Bonnetiers-Chapeliers & lefd. Merciers. *Vidimus* des Statuts & Réglemens accordez par le Roy aux Merciers-Groffiers-Joüailliers de la Ville de Paris au mois de Janvier 1613. & des Lettres Patentes du Roy du mois de Juillet 1646 , par lefquelles Sa Majefté auroit confirmé les Priviléges des Merciers-Groffiers en cette Ville pour en joüir à l'inftar de ceux de Paris. Arreft de cette Cour du 24 Juillet 1647 , portant l'enregiftrement defd. Lettres Patentes aux modifications & reftrictions y contenuës. Sentence renduë au Bailliage de Roüen les 28 May 1649 , & 6 Avril 1658. *Vidimus* d'Arrêts du Parlement de Paris des 28 Aouft 1666 , 22 Février 1672 , 7 Avril 1674 , 12 Mars 1679 , & 20 Avril 1688. Arreft du Confeil Privé du Roy du 3 Mars 1682. Copie d'Arreft de la Cour du 27 Novembre 1686. Procès-Verbal de Pierre Maffeline Sergeant Royal à Roüen du 21 Novembre 1685. Sentences renduës au Bailliage dud. lieu les 21 Mars 1684 , 27 Novembre 1685 , & 4 Dé-

C

cembre 1686. Requête presentée au Lieutenant Général dud. Roüen par lefd. Merciers les 26 Novembre 1685 & 9 Décembre 1686. avec les Ordonnances renduës fur icelles qui leur auroit permis d'entrer dans les maifons defdits Bonnetiers pour faire recherche & perquifition des feüillets de fer dont ils fe fervent, & iceux faifir & approcher devant led. Juge pour être fur ce réglez ainfi qu'il apartiendroit, à laquelle fin lefd. Bonnetiers feront tenus de faire ouverture des Portes qui s'y trouveront fermées, & en cas de refus permis de les faire ouvrir par le premier Serrurier, à ce requis. Procés-Verbal de Nicolas Piquefeu Sergeant Royal audit Roüen dud. jour 9 Décembre 1686, contenant la Saifie par lui faite de la requifition des Gardes Merciers de plufieurs feüillets de fer trouvez en la Cuifine de la maifon de Jean Blambureau Bonnetier Chapelier, & de quelques Pacquets de Bas de foye au nombre de 5 paires faifant partie d'une plus grande quantité, s'étant ledit Blambureau emparé du furplus, furquoi les Parties ayant été oüis devant le Lieutenant particulier aud. Bailliage, elles auroient été renvoyées au lendemain à l'Audience dud. Bailliage, & cependant ordonné que lefd. cinq paires de bas de foye feroient remis és mains dud. Blambureau comme fous la main de Juftice, ce qui auroit été fait à l'inftant. Requefte prefentée à la Cour par lefdits Merciers le 17 Février 1687. fignifié ledit jour. Copie d'écrit de Blambureau. Copie d'Arreft de la Cour du 9 Aouft 1687 audit an. Copie d'Arreft du Parlement de Paris du 29 Avril 1688. Requefte prefentée à la Cour par lefd. Merciers le 28 Juillet audit an, pour faire recevoir au Procés led. Arreft dudit Parlement de Paris y énoncé, ordonné être montrée à Partie, & fignifiée led. jour. Inventaires de claufion defd. Merciers, fignifié le 17 Aouft aud. an 1688. Procés verbaux de François Suert Sergeant Royal à Roüen des 5 Mars & 22 Avril 1689. Ecrit defd. Merciers du 25 Novembre audit an. Réponfe defd. Bonnetiers-Chapeliers du 24 Janvier 1690, avec leur Inventaire de claüfion fignifiée le 3 de Février audit an. Arreft de la Cour du 4. dudit mois. Requefte d'employ defd. Merciers du 22 Avril enfuivant, fignifiée led. jour, avec leur fecond Inventaire de claufion fignifiée le 24 dud. mois. Ecrit de conteftation defd. Bonnetiers-Chapeliers à la derniere Requête defd. Merciers fignifiée le 11 May aud. an 1690. Acte des 2 & 7 Juin enfuivant. Autre Requefte prefentée à la Cour par lefd. Bonnetiers-Chapeliers le 26 Janvier 1691, pour faire recevoir plufieurs Piéces au Procés, ordonnée être montrée à Partie, & fignifiée ledit jour, avec lefd. Piéces y énoncées. Acte du 7 Février aud. an. Requête prefentée à la Cour par lefd. Bonnetiers-Chapeliers le 4 de ce mois, pour faire recevoir au Procés la Copie de ladite Requefte des Merciers du 28 Juillet 1688, ordonnée être montrée à Partie & fignifiée ledit jour, avec lad. Copie de Requefte. Acte dud. jour 4 de ce mois. Et tout ce que les Parties ont mis par devers la Cour. Conclufions de nôtre Procureur Général, & oüi le Raport du

Sieur de Marguerit de Guibray Conseiller-Commissaire. Tout considéré,
NOSTREDITE COUR par son Jugement & Arrest faisant
droit sur les Requestes & Conclusions des Parties, & au Principal évoqué de leur consentement, sans s'arrêter à la Sentence du 20 Décembre
1644, a dit à bonne cause les Approchemens faits sur lesdits Lierville,
Maillard & le Houé les 26 Novembre 1685, & 10 Décembre 1686, à
ce moyen leur a fait défenses & à tous autres Merciers de faire aucun
aprest de Marchandises dépendantes de la Boutonnerie, ni d'en vendre
ni debiter autrement que par fixains & sous corde aux termes de l'Arrest du 20 Aoust 1575, & Statuts de 1608, ainsi que d'avoir chez eux
aucuns Instrumens propres à l'aprest desd. Marchandises, comme Presses,
Formes & autres Outils; & au surplus permis ausd. Merciers de vendre lesd. Marchandises suivant & conformément audit Arrest de 1575.
Et sur l'Aprochement dudit Blambureau du 9 Décembre 1686, a dit:
A tort ledit Aprochement, lesdits Merciers condamnez aux depens envers lesdits marchands Bonnetiers-Chapeliers, & au raport & coust du
present Arrest. Si donnons en Mandement au premier des Huissiers de
nôtre Cour de Parlement, autre nôtre Huissier ou Sergeant sur ce requis, le present Arrest de la part desd. marchands Bonnetiers-Chapeliers,
mettre à düe & entiere execution selon sa forme & teneur, de ce faire
lui avons donné pouvoir, puissance & autorité. Mandons à tous nos Officiers & Sujets à lui ce faisant obéïr. En témoin dequoi Nous avons
fait mettre & aposer nôtre Scel à cedit present Arrest. Donné à Roüen
en nôtredite Cour de Parlement le 8 jour de Février l'an de grace
1694, & de nôtre régne le cinquante & uniéme. PAR LA COUR.
Signé, LE JAULNE, avec paraphe. Contrôlé, Collationné &
Scellé.

C 2

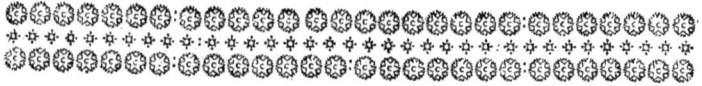

LETTRES PATENTES
DU ROY,

Données au mois de Février 1672.

PORTANT CREATION ET ERECTIONS en Maiſtriſe, de la Manufacture de Soye & autres Ouvrages au Meſtier.

Regiſtrées en Parlement & Chambre des Comptes.

LOUIS PAR LA GRACE DE DIEU, ROY DE FRANCE ET DE NAVARRE : A tous preſens & à venir, SALUT. L'uſage des Bas, Canons, Camiſolles, & autres Ouvrages de Soyes, s'étant rendu commun dans notre Royaume, Nous reſolûmes dés l'année 1656. d'y établir cette manufacture, tant pour y procurer de l'emploi à pluſieurs Ouvriers qui trouveroient dans cet établiſſement un moyen honnête de faire ſubſiſter leurs Familles, que pour empeſcher le tranſport de pluſieurs ſommes de deniers dans les Pays étrangers où ces Ouvrages ſe frabriquent : ce qui eut de trés-heureux commencemens par les ſoins du Sieur Jean Hindret, que nous établiſmes dans notre Chaſteau de madrid, qui réuſſit dans cette entrepriſe avec tant de ſuccés, que le progrés en étant devenu trés conſiderable, nous reſolumes pour l'augmenter, d'établir une Compagnie qui s'eſt depuis appliquée avec tout le ſoin poſſible à la perfectionner. Neanmoins les Ouvriers qui travaillent s'eſtant depuis relaſchez, & ayant negligé leur travail ſous pretexte qu'ils ne pouvoient eſperer de devenir maiſtres, ni meſme avoir la liberté de travailler pour leur compte particulier, les Directeurs de ladite Compagnie nous auroient repreſenté que ce relaſchement pourroit enfin cauſer un notable préjudice à la Manufacture. A quoi voulant remedier, & connoiſſant d'ailleurs, aprés pluſieurs experiences, qu'il n'y a rien qui faſſent plus aimer à cultiver les Arts, ni qui puiſſent davantage contribuer à l'établiſſement & au progrés des manufactures, que l'eſperance de quel-

ques avantages affeurez pour ceux qui s'y appliquent, à la veuë
d'une recompenfe certaine à la fin de leurs travaux : Nous avons
eftimé qu'il étoit important, pour d'autant plusétablir ladite manufacture des Bas de Soye dans notre Royaume, & pour traiter favorablement ceux qui s'y employeront à l'avenir, non feulement de l'ériger en Titre de meftier, avec faculté à ceux qui travailleront d'aquerir la maiftrife, & de fe pouvoir dire maiftres, mais
encore de contribuer de nos deniers à la depenfe & à l'achat des
Meftiers qui leur feront neceffaires pour l'exercer lorfqu'ils y par-
viendront. A CES CAUSES, de l'avis de nôtre Confeil, & de notre
certaine fcience, pleine puiffance, & autorité Royale, nous
avons par ces Prefentes fignées de notre main, créé, formé, &
érigé, créons, formons, & érigeons dans toute l'étenduë de
noftre Royaume en Titre de maiftrife & Communauté le metier &
manufacture des bas, Canons, Camifolles, Caleçons, & autres
ouvrages de Soye qui fe font au meftier. Voulons qu'en toutes ren-
contres & occafions, foit publiques ou particulieres concernant
les Arts & meftiers, elle y foit reçeuë & confiderée en cette qualité de Corps & Communauté formée, & qu'à cet effet elle foit
infcrite és Greffes de nos Sieges & Jurifdictions ordinaires au
rang & au nombres des autres Communautez, à commencer
dans trois ans du jour & date des Prefentes, à la charge de garder
& obferver les Reglemens que Nous avons pour ce fait dreffer,
compris fous trente-quatre Articles attachez fous le Contrefcel
des Prefentes, pour fervir de Statuts aux maiftres Ouvriers de
ladite Communauté. Revoquons à cette fin toutes les Lettres
qui pourroient eftre contraires, aufquelles Nous avons expreffément dérogé & dérogeons par ces Prefentes. Permettons neanmoins audit Hindret, fa femme, fes enfans, fans qu'ils foient
obligez de prendre aucune Lettre de maiftrife aprés lefdites trois
années expirées, de continuer ladite manufacture, fi bon leur
femble, dans tels lieux de notre Royaume qu'ils jugeront à propos, y avoir & tenir tous les outils, uftencilles, & autres chofes generalement quelconques, tant pour l'appreft, teinture de
leurs Soyes & Bas, que pour l'entiere perfection de leurs Ouvrages, fans qu'ils en puiffent eftre empefchez en quelque forte &
maniere que ce foit. Voulons à cette fin que les Apprentifs qu'ils
feront cy-aprés foient reçûs dans le Corps des maiftres dudit métier aux conditions des autres maiftres, & rapporteront leurs Brevets d'Apprentiffages paffez pardevant Notaires, & par eux cer-
tifiez, en confideration de ce que ledit Hindret eft le premier
Inftituteur en France de ladite manufacture. Et parce que les
meftiers qui fervent à cette manufacture, font de prix, & que les
Particuliers capables de la maiftrife pourroient eftre arreftez par

l'impuiffance de les acheter , Nous ordonnons qu'à chacun des deux cens premiers maiftres qui feront reçeus , il foit fourni la fomme de deux cens livres de nos deniers , pour eftre employez au payement d'une partie du prix du meftier qui lui fera livré par les Intereffez en ladite manufacture de madrid , du nombre de ceux qui fe trouveront travaillans , bien & deuëment conditionné , fans qu'ils puiffent eftre pris ailleurs qu'en ladite manufacture , jufques à ce que le nombre des deux cens meftiers ait été fourni par lefdits intereffez en icelle , à peine de confifcation. Si DONNONS EN MANDEMENT à nos amez & feaux.Confeillers les Gens tenans notre Cour de Parlement & Chambre des Comptes à Paris , que ces Prefentes ils ayent à faire lire , publier & enregiftrer , & du contenu en icelles faire joüir & ufer pleinement & paifiblement les maiftres & Ouvriers dudit meftier de Bas , Canons , Camifolles , Caleçons , & autres Ouvrages de Soye qui fe font au meftier , ceffant & faifant ceffer tous troubles & empefchemens qui pourroient eftre mis ou donnez au contraire : CAR tel eft notre plaifir. Et afin que ce foit chofe ferme & ftable à toûjours , Nous avons fait mettre notre Scel à cefdites Prefentes. DONNE' à Saint Germain en Laye au mois de Février, l'an de Grace mil fix cens foixante-douze , & de notre Régne le vingt-neuviéme. Signé LOUIS , Et fur le reply, Par le Roy, COLBERT. Et fcellé du grand Sceau de cire jaune.

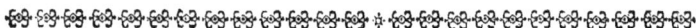

⁂

STATUTS , ORDONNANCES, & Reglemens , que le Roi veut eftre gardez & obfervez par les Maiftres & Ouvriers du Meftier des Bas , Canons , Camifolles , Caleçons , Chauffons , & Gants de Soye.

ARTICLE PREMIER.

LA Soye deftinée pour les Camifoles , Caleçons , Chauffons , & Gants de Soye , fera débouïllie dans le favon , bien teinte, & deffechée , nette , & fans bourre autant qu'il fe pourra , doublée fuffifamment , adoucie , plate & nerveufe , en forte qu'elle empliffe entierement la maille.

II.

NE pourront les Soves préparées pour les Ouvrages être employées moindres de quatre brins ; & feront tenus les Ouvriers

de remonter les talons & les bords fur le Métier , & même d'éviter avec foin que les talons ne foient coufus , ou qu'il ne fe trouve
des mailles doubles & des points filets dans leurs ouvrages.

I I I.

Les entures feront au moins de quatre mailles , la couture
double , les ouvrages bien proportionnez , & fuffifamment étoffez.

I V.

La Soye préparée pour des Bas que l'on voudra teindre en noir,
ne fera teinte qu'aprés que les Bas feront achevez & tirez du
Métier.

V.

Les Bas de Soye pour hommes peferont au moins trois onces
& demie , à peine de confifcation , & cent cinquante livres d'a-
mende.

V I.

Dans le nombre des Ouvriers travaillans dans le Chafteau de
Madrid à la Manufacture des Bas & autres Ouvrages de Soye , il
en fera choifi dans trois ans , à commencer du jour & datte de la
Déclaration du Roy , par les perfonnes que nous commettrons à
cet effet , jufqu'à cent des plus capables , pour être fait Maiftres
de l'Art , & former la Communauté , aufquels il fera expedié des
Lettres de Maiftrifes , en raportant leurs Obligez & Certificat de
fervice , fignez des Intéreffez en la Manufacture , aufquels ils s'o-
bligeront par écrit pour lefdites trois années entieres , & fe feront
enregiftrer fur le Livre de ladite Manufacture , fans qu'à l'avenir
aucun puiffe aquerir , ni parvenir à la Maiftrife que par la voye
du Chef-d'œuvre en la maniere qui fera cy-aprés expliquée.

V I I.

Les quatre plus âgez de ceux qui auront été ainfi choifis , feront pour cette premiere fois Jurez de la Communauté ; fçavoir,
les deux plus anciens pour deux ans , & les deux plus jeunes pour
une année feulement , fauf dans la fuite du tems à les élire par la
pluralité des fuffrages en la forme qui fera auffi cy-aprés prefcrite.

V I I I.

Chaque Maiftre pourra tenir deux Apprentifs , & non plus,
pendant douze ans , aprés lefquels un feulement , excepté toutefois la derniere année de l'apprentiffage , en laquelle il lui fera
loifible d'en prendre un nouveau avec l'ancien qui en doit fortir ,
crainte qu'il n'en demeure entierement dépourveu.

I X.

Le Brevet d'Apprentiffage fera paffé pardevant Notaires , & enregiftré fur le Regiftre de la Communauté , à la diligençe du Maître de l'Apprentif , dans le mois , à compter du jour de fa date , à
peine de trois cens livres d'amende contre le Maiftre ; & ne pourra être le Brevet pour plus long-temps que de trois ans.

X.

Les Apprentifs ne pourront s'abfenter du fervice de leurs Maiftres pendant le temps de l'apprentiffage fans leur confentement, & où ils s'en feroient retirez, les Maiftres feront en droit de les faire arrêter pour leur faire achever leur temps, que nous voulons, pour réprimer la licence des Apprentifs, eftre prorogé d'autant de femaines qu'ils auront perdu de jours par leur abfence.

X I.

Un mois aprés l'abfence ou retraite des Apprentifs, les Maiftres s'en pourront pourvoir d'autres, en faifant effacer fur le Regiftre de la Communauté le nom de ceux qui fe feront ainfi abfentez.

X I I.

L'Apprentif qui fe fera ainfi retiré fans congé de fon Maître, ne pourra rentrer chez un autre Maiftre qu'il ne recommence un nouvel apprentiffage, fans que le temps de celui qu'il avoit commencé lui foit compté, fi ce n'eft que par les Maiftres & Jurez du Meftier, ou par Juftice, il foit jugé que l'Apprentif ait eu jufte & légitime caufe de s'abfenter.

X I I I.

Le Compagnon & l'Ouvrier qui fe voudra retirer, ne le pourra faire qu'il n'ait achevé la befogne qui fera montée fur fon Métier, rendu le Meftier en bon & fuffifant état, bien entretenu, & garni de toutes fes pieces, & fatisfait fon Maiftre de tout ce qu'il lui pourra devoir.

X I V.

Les Maiftres qui prendront des Ouvriers & Compagnons, feront obligez de s'enquerir fi ceux du fervice defquels ils fortent, en font contens & fatisfaits, à peine de vingt-quatre livres d'amende, & de payer en leurs noms les fommes qui pourroient être deues par le Compagnon à l'ancien Maiftre.

X V.

L'Apprentif ne pourra eftre reçeu Maiftre, qu'il n'ait fervi les Maiftres en qualité de Compagnon deux ans au moins aprés fon Apprentiffage fini, dont il fera tenu de raporter le Certificat en bonne & deue forme.

X V I.

L'Aspirant à la Maiftrife fera tenu de prefenter fon Brevet aux Jurez, avec le Certificat de fon Maiftre, pour juftifier s'il a bien & fidélement fervi.

X V I I.

Pour Experience, le Compagnon montera un Meftier avec toutes fes pieces, fur lequel il fera un Bas de Soye tourné aux coins.

X V I I I.

Nul Compagnon ne fera reçeu Maiftre, qu'il ne fçache bien
montér

monter & entretenir ſon Métier ; enſorte qu'il ne s'y trouve aucunes coupures, ferrures, ouvertures, arrachures, coups de preſſes, portes, & autre travail imparfait ; & de plus, qu'il n'ait fait pour Chef-d'œuvre dans la Chambre de la Communauté, en preſence des Jurez & de quatre Maiſtres tant anciens que nouveaux, un Bas de Soye façonné aux coins & par derriere, avec une autre piece telle qu'il lui ſera ordonné par leſdits Jurez.

X I X.

AUCUN ne pourra être reçeu Maiſtre du Meſtier, qui n'ait fait Chef-d'œuvre, á la réſerve des Fils de Maiſtres, qui ſeront reçeus en faiſant une ſimple Experience.

X X.

CEUX qui auront été reçeus Maiſtres en cette Ville de Paris, pourront aller exercer leurs Meſtiers en toutes Villes, Bourgs, Bourgades, & autres lieux du Royaume, ſans eſtre tenus de faire nouvelle Experience, mais ſeulement de juſtifier leur Acte de reception en la Maiſtriſe, & de le faire enregiſtrer au Greffe de la Juſtice ordinaire des Lieux, ſoit Royale, ou Subalterne.

X X I.

SERA procedé tous les ans le Jour & Feſte de Saint Loüis Patron de la Communauté, à l'Election des Jurez, à la pluralité des Suffrages, de telle maniere que les deux plus jeunes des quatre que nous avons preſentement établis pour Jurez, ſortitont à la premiere Election, les deux autres à la ſuivante, & dans la ſuite les deux plus anciens en charge, à la place deſquels il en ſera nommé deux autres : & ainſi ſucceſſivement d'année en année, ſeront éleus deux nouveaux Maiſtres pour exercer avec les deux anciens.

X X I I.

LES Jurez feront par chacun an quatre viſites au moins dans les Boutiques des Maiſtres, qui ſeront tenus de leur faire ouverture de tous les lieux où ils auront des bas de Soye ou autres Ouvrages faits au Meſtier ; entre leſquels ceux qui ſe trouveront défectueux, ſeront ſaiſis & confiſquez ſur le raport des Jurez.

X X I I I.

LES Jurez s'aſſembleront une fois le mois, ou même plus ſouvent ſelon l'occurrence des cas, au lieu qui ſera pour cet effet choiſi & fixé, pour déliberer ſur les affaires particulieres de la Communauté, & pour oüir les dénoncians & plaintes qui leur pourront être faites par les Maiſtres & Ouvriers ſur le fait de leur Meſtier, pour y pourvoir comme il apartiendra.

X X I V.

LES Maiſtres pourront vendre & debiter en gros & en détail leurs bas & autres Ouvrages de Soye qui auront été faits ſur le Meſtier dans leurs maiſons ou Atteliers, ſoit que ces Ouvrages

D

foient appreftez ou non appreftez , & pour cet effet les expofer en vente dans les lieux de leur demeure , tant dans la Ville que Fauxbourgs de Paris , fans qu'ils puiffent être empêchez , fous quelque prétexte que ce foit , à peine de deux cens livres d'amende , & de tous dépens , dommages & intérêts.

X X V.

NE pourront les Maiftres vendre & debiter autres Ouvrages de Soye ci-deffus fpecifiez , que ceux qu'ils auront faits , à peine de confifcation & de trois cens livres d'amende.

X X V I.

AUCUN Maiftre ne pourra expofer en vente les Ouvrages, qu'ils n'ayent été marquez par les perfonnes qui feront propofées dans la Chambre de la Communauté , de la marque qui leur fera donnée pour cet effet , laquelle marque ils appoferont gratuitement & fans frais.

X X V I I.

NE feront marquez autres ouvrages que ceux qui auront été faits chez les Maiftres de la Communauté , à peine de confifcation & de mille livres d'amende contre ceux qui les auront prefentez à la marque , foit qu'elle ait été appofée ou non.

X X V I I I.

NUL Compagnon forain ne pourra gagner la franchife qu'il n'ait travaillé trois ans dans la Ville de Paris, que fon nom n'ait été enregiftré , & qu'il n'ait juftifié par un Certificat en bonne forme qu'il a fait fon apprentiffage fur les lieux.

X X I X.

NE pourront les Maiftres du Meftier affocier avec eux , directement ni indirectement , aucune autre perfonne que les Maiftres du même Meftier , à peine de cinq cens livres d'amende.

X X X

LES Maiftres du Meftier auront la faculté de faire apprêter chez eux leurs ouvrages , mouliner, & apprêter , & teindre dans leurs maifons les Soyes dont ils fe ferviront.

X X X I.

LES Veuves des Maiftres pourront entretenir le Meftier de leurs défunts Maris , & affranchir un Compagnon du Meftier , fi elles paffent avec lui en fecondes Nôces , en faifant néanmoins Chef-d'œuvre.

X X X I I.

POURRONT auffi les filles de Maiftres affranchir un Compagnon de Meftier en l'Epoufant , à la charge de faire Chef d'œuvre.

X X X I I I.

LES Taverniers , Boulangers, Hoftelliers , Revendeurs , Proprietaires de maifons , & autres perfonnes de quelque qualité &

condition qu'elles foient, ne pourront acheter ; prendre à ga-
gés, ni en payement des Ouvriers & Domeſtiques des Maiſtres,
aucunes Soyes, ni Ouvrages de Soye, à peine d'être réputéz
complices du vol & divertiſſement qui en aura été fait, & d'être
punis ſuivant la rigueur des Ordonnances.

XXXIV.

Les Maîtres feront tenus d'avoir chacun dans leurs Boutiques un Tableau, où feront écrits entiérement les preſens Statuts & Ordonnances, à ce que nul n'en prétende cauſe d'i-
gnorance.

Fait à Saint Germain en Laye le   jour de Février
mil ſix cens ſoixante & douze.

L'AN mil ſix cens ſoixante & douze, le treiziéme
jour de May, à la Requeſte des Sieurs Intereſſez
en la Manufacture Royale des Bas de Soye au Meſtier
du Chaſteau de Madrid, je Nicolas Haſtot, Huiſſier
Sergent à Verge au Chaſtelet de Paris, y demeurant ruë
des Arcis ; ſouſſignez, ay ſignifié, & baille pour Copie,
les Statuts, Ordonnances & Reglemens du Roy ci-deſſus
& des autres parts tranſcrits, à Meſſieurs les Gardes
des Marchands Bonnetiers à Paris, en parlant au Sieur
de Laſtre leur Commis, en leur Bureau près l'Egliſe
Saint Jacques de la Boucherie, à ce qu'ils n'en ignorent,
Signe, HASTOT.

ARREST
DU CONSEIL D'ESTAT
DU ROY,

Portant Réglement pour les Maîtres-Ouvriers & Faiseurs
de Bas au Métier, & autres Ouvrages tant de Soye que
de Fil, Laine, Poil, Coton & Castors.

Du 30 Mars 1700.

EXTRAIT DES REGISTRES DU CONSEIL D'ETAT DU ROY.

LE ROY ayant par ses Lettres Patentes des mois de Juillet 1664. 1666. & Janvier 1683. accordé plusieurs Priviléges aux nommez Hindret, Etienne & Corozet, pour établir tant dans la ville de Paris, qu'és autres Villes & endroits du Royaume qu'ils trouveroient commodes, la Manufacture de toutes sortes de Camisoles, Bas, Canons, Caleçons, Chaussons, & autres Ouvrages de Soye, Laine, Fil & Coton : Sa Majesté pour favoriser les Ouvriers qui s'étoient appliquez à ladite Manufacture, pour la multiplier & la mettre en état de fournir aussi abondamment qu'il étoit nécessaire les Ouvrages de cette qualité, dont l'usage étoit devenu commun, auroit par sa Déclaration du mois de Juillet 1672. créé, formé & érigé en titre de Maîtrise & Communauté dans toute l'étenduë du Royaume, le Métier & Manufacture des Bas, Canons, Camisoles, Caleçons, & autres Ouvrages de Soye qui se font au Métier, & auroit en même temps fait un Réglement en forme de Statuts, contenant trente-quatre Articles, pour la fabrique desdits Ouvrages de pure Soye. Et pour favoriser encore davantage ladite Manufacture, en étendre & augmenter la fabrique & le commerce, Sa Majesté auroit par Arrêt de son Conseil du douze Janvier 1684. conformément ausdites Lettres Patentes de 1664. & 1666. permis aux Maîtres Faiseurs de Bas au Métier, établis en vertu de ladite Déclaration du mois de Février 1672. tant dans ladite ville de Paris, qu'és autres Villes du Royaume, de travailler à toutes sortes d'Ouvrages de Soye, Fil, Laine & Coton, qui peuvent être faits au Métier ; à la charge néanmoins que lesdits Maîtres-Ouvriers seroient tenus de travailler en Ouvrages de Soye au moins sur la moitié des Métiers que chacun desdits Maîtres auroit chez lui, sans qu'ils puissent avoir d'autres Métiers que ceux propres aux Ouvrages dont le filage sera fin, tant de Laine, que de Fil ou Coton, propres à faire & fabriquer des Bas, & autres Ouvrages de Soye, à peine de confiscation & de cinq cens livres d'amende. Et Sa Majesté ayant été informée que contre la disposition desdits Réglemens, & contre l'intention de l'établissement de ladite Maîtrise, lesdits Maîtres faiseurs de Bas & autres Ouvrages au Métier, sont tombez dans un si grand relâchement, qu'ils font presentement sur leurs Métiers des Ouvrages très-grossiers & de bas prix, & qu'ils employent des Laines des qualitez les plus inferieures ; ce qui provient en partie de ce que lesdits Statuts de mil six cens soixante-douze, ne contiennent aucune disposition pour les Ouvrages de Laine, Fil ou Coton, & que depuis ledit Arrêt de 1684. il n'a été fait aucun Réglement pour ces sortes d'Ouvrages. Mais comme le progrés & la multiplication de ladite Fabrique de Bas & autres Ouvrages au Métier pourroit causer la ruïne entiere de celle des Bas & autres Ouvrages qui se font au Tricot, aussi-bien que de la Maîtrise & des Communautez des Maîtres Bonnetiers établis pour les Ouvrages du Tricot, Sa Majesté auroit résolu d'y pourvoir ; & pour cet effet elle auroit envoyé ses ordres au Sieur Lieutenant Général de Police de la ville de Paris, & aux Sieurs Intendans & Commissaires départis dans les Provinces, pour examiner l'état desdites Fabriques, tant des Bas & autres Ouvrages au Métier, que de ceux du Tricot dans toute l'étenduë de son Royaume, entendre les faiseurs de Bas & autres Ouvrages au Métier, les Maîtres Bonnetiers & Ouvriers au Tricot, les Gardes des Marchands Bonnetiers faisant commerce desdits Ouvrages, & autres Parties interressées, & donner leur avis sur tout ce qui peut contribuer à la perfection desdits Ouvrages au Métier, en resserrant le travail du Métier dans des bornes convenables, en sorte qu'il ne porte point de préjudice à celui du Tricot. Ce qui ayant été par eux exécuté, Vû les Procez Verbaux, Mémoires & Avis dudit Sieur Lieutenant Général de Police à Paris, & desdits Sieurs Intendans & Commissaires départis, lesdites Lettres Patentes de 1664. 1666. & 1683. ladite Déclaration & lesdits Statuts de 1672. & ledit Arrêt du Conseil du douziéme Janvier 1684. Le tout vû & consideré, Oüi le Rapport du Sieur Chamillart, Conseiller ordinaire au Conseil Royal, Contrôleur Général des Finances ; SA MAJESTE' ETANT EN SON CONSEIL, a ordonné & ordonne, que les Maîtres-Faiseurs de Bas & autres Ouvrages de Soye, Laine, Fil ou Coton au Métier, établis dans les villes de Paris, Dourdan, Roüen, Caën, Nantes, Olleron, Aix, Toulouze, Nîmes, Uzez, Romans, Lyon, Mets, Bourges, Poitiers, Orleans, Amiens & Reims, continuëront d'y travailler fuivant les Statuts de l'année 1672. & le prefent Réglement.

I.

Fait Sa Majefté défenfes à tous Maîtres, Apprentifs & Compagnons dudit Métier, & à toutes autres Perfonnes, de faire aucun établiffement de ladite Manufacture de Bas & autres Ouvrages au Métier, en d'autres Villes & lieux de fon Royaume, que ceux ci-deffus dénommez, fans une permiffion expreffe de Sa Majefté, à peine de confifcation de leurs Métiers, Outils, Matieres & Ouvrages, & de mille livres d'amende. Et quant à ceux qui font établis en d'autres lieux, ils feront tenus de fe retirer inceffament & au plus tard dans fix mois du jour de la publication du prefent Réglement, dans celle defdites Villes que bon leur femblera, où ils feront reçûs Maîtres, en raportant des Certificats des Juges & Officiers de Police des lieux d'où ils fortiront, qu'ils font établis, travaillent & font travailler dans lefdits lieux depuis cinq années au moins; & en cas qu'ils n'y ayent pas demeuré pendant ledit temps de cinq années, ils feront tenus de parachever ce qui s'en défaudra chez quelqu'un des Maîtres de la Ville où ils fe retireront, pour être enfuite reçûs Maîtres, après avoir fait leur Chef-d'œuvre conformément aufdits Statuts de 1672.

I I.

Fait Sa Majefté défenfes à toutes Perfonnes d'entreprendre des Ouvrages dudit Métier, ni d'y faire travailler dans l'étenduë defdites Villes, Fauxbourgs & Banlieuë d'icelles, fans avoir été auparavant reçûs Maîtres, & avoir fatisfait à ce qui eft prefcrit par lefdits Statuts pour parvenir à la Maîtrife dudit Métier.

I I I.

Ordonne Sa Majefté que les Bas, Calleçons, Camifoles & autres Ouvrages de Sóye qui fe feront au Métier, ne pourront être faits que fur des Métiers montez au moins en vingt-deux plombs, portant chacun trois aiguilles dans la jauge de trois pouces d'étenduë.

I V.

Les Soyes préparées pour lefdits Ouvrages ne pourront être employées en moins de huit brins.

V.

Les Soyes qui feront deftinées pour lefdits Ouvrages feront déboüillies dans le favon, bien teintes & deffechées, nettes & fans bourre, doublées & fuffifamment adoucies, plattes & nerveufes, en forte qu'elles rempliffent la maille.

VI.

Fait Sa Majesté défenses à tous Ouvriers, Ouvrieres, Devideu-fes, Doubleufes & autres, d'employer ou faire employer de l'huile dans le travail defdits Ouvrages de Soyes, à peine d'être exclus defdits travaux.

VII.

Les Ouvrages de pure Soye qui feront fabriquez pour être mis & ufez en noir, ne pourront être teints qu'aprés qu'ils auront été travaillez & levez de deffus les Métiers, à l'exception néanmoins des Ouvrages mêlez, & de ceux dans lefquels il entrera de l'or ou de l'Argent, dont les Soyes pourront être teintes avant que d'être employées aufdits ouvrages.

VIII.

Les Ouvrages qui feront faits de Soye ou poil mêlé avec de la laine, ne pourront être faits que fur des Métiers montez au moins de dix-huit plombs, portant chacun trois aiguilles dans chacune jauge, & n'y pourra être employé moins de trois brins, fçavoir deux de foye ou poil, & un de laine, ou deux brins de Laine, & un brin de Soye ou Poil, fuivant la qualité de la Soye, du Poil ou de la Laine.

IX.

Les Bas, Calleçons, Camifoles, & autres Ouvrages de Laine, Fil, Coton ou Caftor qui fe feront au Métier, ne pourront être faits que fur des Métiers montez au moins en vingt-deux plombs, portant chacun deux aiguilles dans la jauge de trois pouces d'é-tenduë.

X.

Les Laines tant d'étain dont fe font les Bas & autres Ouvrages d'eftame, que de trême dont fe font les Ouvrages drapez, les Fils, Cotons ou Caftors préparez pour lefdits Ouvrages, ne pouront être employez fur les Métiers en moins de trois fils, & ne pour-ront les Maîtres & Ouvriers dudit Métier employer ni faire employer aucun Fil d'eftame, ou d'étain tiré à feu, parmi les trois fils de trême, dont doivent être compofez les Bas & autres Ouvra-ges drapez; mais feulement du fil de trême, dont la Laine aura été bien & düement cardée fans mélange.

XI.

Il ne pourra être employé dans lefdits Ouvrages que des Lai-nes de bonne qualité, comme font celles d'Angleterre, Irlande, Hollande, Efpagne, Languedoc, Berry, Auxois & du Contan-tin, bien nettes & fans bourre; & ne pourront y être employées des Laines d'Agnelins, Peignons, Pelades, Morines ni autres mauvaifes qualitez de Laine.

XII.

LESDITS Ouvrages tant de Soye ; que de Laine , Fil , Poil ; Coton ou Caſtors , feront bien proportionnez & fuffifamment étoffez , de maniere que la maille foit remplie ; & feront lefdits Ouvrages faits d'une égale force & bonté dans toute leur étenduë , fans maille , double maille morduë , arracheures , ſerrures ni ouvertures.

XIII.

LES Liſieres feront bien faites & d'une égale force , ayant au moins une maille vuide , & les Entures fe feront doubles & bien nettes.

XIV.

LES Entures feront au moins de cinq à ſix mailles , & les Bords & Talons remontez ſur le Métier.

XV.

LES Ouvrages qui fe feront ſur le Métier avec de la Laine , ne pourront être foulez qu'avec du ſavon blanc ou verd , à bras ou aux pieds. Fait Sa Majeſté défenſes d'employer dans le blanchiſſage defdites Ouvrages aucune craye ni blanc.

XVI.

FAIT Sa Majeſté défenſes aux Fouleurs defdits Ouvrages , 'de fe ſervir d'autres inſtrumens que de Rateliers de bois ou à dents d'os ; & aux Foulonniers de Moulins à fouler Draps & Etoffes , de recevoir dans leurs Moulins des Bas & autres Ouvrages faits au Métier pour les fouler.

XVII.

LESDITS Fouleurs donneront au moins deux Eaux vives auſdits Ouvrages de Laine faits ſur le Métier , aprés les avoir dégraiſſez.

XVIII.

FAIT encore Sa Majeſté défenſes aux Maîtres dudit Métier , & aux Fouleurs & Apprêteurs defdits Ouvrages , de fe ſervir de Pomelles & Cardes de fer pour les apprêter , apparciller & draper , & de fe ſervir d'autres choſes pour faire lefdits apprêts que de Chardons fins : comme auſſi de tirer au chardon les Ouvrages d'Eſtame.

XIX.

TOUS lefdits Ouvrages tant de Soye que de laine , Fil , Poil , Coton , Caſtor ou autres matieres avant que d'être expoſez en vente , & auſſi-tôt qu'ils feront tirez du Métier , qu'ils auront été couſus & foulez , feront marquez par le Maître qui les aura fabriquez ou fait fabriquer , d'un petit plomb , portant d'un côté le nom dudit Maître , & de l'autre celui de la Ville en laquelle il fait ſa demeure.

XX.

X X.

POURRONT néanmoins les Particuliers aufquels Sa Majefté a accordé des Privileges pour établir des Manufactures defdits Ouvrages , mettre une fleur-de-lys au lieu de leur nom avec la premiere Lettre de leur nom & furnom , fur les plombs dont ils marqueront leurs Ouvrages.

X X I.

LES Maîtres dudit Métier , & lefdits Privilégiez , porteront au Bureau de la Communauté defdits Maîtres , chacun une empreinte de leur Marque , dont il fera fait un ou plufieurs Tableaux , dans lefquels le nom de chacun Maître ou Privilegié , fera écrit au-deffus de fa Marque , pour y avoir recours dans les occafions.

X X I I.

SERONT les Articles ci-deffus éxécutez , à peine de confifcation des Métiers & Ouvrages qui feront trouvez en contravention au prefent Reglement ; foit chez les Maîtres dudit Métier , foit chez les Marchands qui font commerce defdits Ouvrages , & de cent livres d'amende , tant contre les Marchands chez lefquels il fera trouvé des Bas & autres Ouvrages au Métier fans le plomb de la Marque du Maître qui les aura fabriquez ou fait fabriquer, que contre les Maîtres dudit Métier , les Foulonniers de Moulin à fouler Draps , & les Fouleurs & Apprêteurs defdits Ouvrages , qui contreviendront au contenu efdits Articles.

X X I I I.

LES Maîtres dudit Métier ne pourront vendre ni expofer en vente autres Ouvrages que ceux qu'ils auront faits ou fait faire par leurs Apprentifs , & par les Compagnons reconnus par la Communauté defdits Maîtres.

X X I V.

LES Maîtres dudit Métier , & les Particuliers privilégiez pour ladite Manufacture , pourront faire carder , peigner , filer , mouliner , & doubler les Soyes, Laines , & Fillages dont ils auront befoin ; comme auffi fouler , preffer , apprêter , & mettre leurs Ouvrages en état de perfection.

X X V.

LES Compagnons travaillant actuellement dudit Métier , feront tenus de fe faire reconnoître par les Jurez de la Communauté des Maîtres dans un mois du jour de la publication du prefent Réglement , & de faire infcrire leur nom , le quartier de leur demeure ; & le Maître pour lequel ils travailleront , fur un Regiftre qui fera tenu à cet effet par lefdits Jurez. Les Apprentifs dudit Métier feront tenus pareillement à la fin de leur Apprentiffage , enfemble les Compagnons de dehors qui viendront travailler dans

E

quelqu'une defdites Villes, de faire infcrire leurs noms fur ledit Regiftre avant que de pouvoir travailler dans lefdites Villes, foit pour les Maîtres de la Communauté, foit pour les Particuliers aufquels Sa Majefté a accordé des Priviléges pour ladite Manufacture, le tout fans frais.

X X V I.

Ne pourront lefdits Compagnons infcrits fur le Regiftre de ladite Communauté, ni autres, vendre ni expofer en vente aucuns Ouvrages faits au Métier, ni travailler pour d'autres que pour les Maîtres de ladite Communauté, ou pour les Particuliers aufquels Sa Majefté a accordé des priviléges pour ladite Manufacture.

X X V I I.

Les Jurez dudit Métier feront au moins quatre Vifites generales par chacun an, dans toutes les Boutiques & lieux où les Maîtres de la Communauté & les Particuliers privilégiez pour ladite Manufacture feront travailler.

X X V I I I.

Lesdits Jurez pourront encore faire des Vifites particulieres dans lefdites Boutiques & lieux où l'on travaillera dudit Métier, quand bon leur femblera, & feront faifir les Métiers & Ouvrages qu'ils trouveront non conformes au prefent Réglement.

X X I X.

Lesdits Jurez pourront pareillement aller en Vifite dans les lieux Privilégiez, où il y aura des Faifeurs de Bas au Métier; & pourront auffi faire faifir les Métiers & Ouvrages qui ne feront pas conformes au prefent Réglement, en fe faifant toutefois affifter d'un Officier de Police, & après en avoir pris la permiffion du Juge.

X X X.

Lesdits Jurez tiendront bon & fidelle Regiftre du nombre des Métiers qui font actuellement, & qui feront établis ci-après, foit dans les Maifons & Boutiques tant des Maîtres dudit Metier, que des Particuliers privilégiez pour ladite Manufacture, ou dans les lieux de Privilége ou ailleurs; enfemble des noms, furnoms & demeures de ceux qui les tiennent.

X X X I.

Fait Sa Majefté défenfes à tous Ouvriers & autres Perfonnes de quelque condition qu'elles foient, de s'établir de nouveau ou d'établir de nouveaux Métiers dans aucun lieu de Privilége, pour quelque caufe & prétexte que ce foit, jufqu'à ce qu'autrement il en ait été ordonné par Sa Majefté : à l'effet dequoi il fera donné & fourni aux Jurez dudit Métier, dans un mois du jour de la publication du prefent Réglement, des déclarations expreffes & précifes de tous les Métiers établis dans chacun defdits lieux de Privilége ; lefquelles déclarations feront inférées dans le Regiftre de la Communauté dudit Métier , par chapitres diftincts & féparez pour chacun des différens lieux de Privilége , pour y avoir recours toutesfois & quantes ; & après ledit délai expiré , feront lefdits Regiftres reprefentez aux Juges de Police des lieux, pour le nombre defdits Métiers être par eux fixé & arrêté.

X X X I I.

FAIT Sa Majefté défenfes à tous Serruriers , Arquebufiers , & à toutes autres Perfonnes de faire des Métiers pour autres que pour les Maîtres dudit Métier , ou pour les Particuliers privilégiez pour ladite Manufacture. Comme auffi fait Sa Majefté défenfes à tous Marchands , Ouvriers , & à toutes autres Perfonnes de tranfporter ni faire fortir hors du Royaume aucun Métier , à peine de confifcation & de mille livres d'amende.

X X X I I I.

NE pourront les Maîtres Ouvriers dudit Métier , entreprendre fur celui des Maîtres-Ouvriers en Bas & autres Ouvrages au Tricot , ni les Maîtres-Ouvriers en Bas & autres Ouvrages au Tricot , fur ceux au Métier , fous quelque prétexte que ce puiffe être.

X X X I V.

VEUT & entend Sa Majefté que lefdits Statuts de l'année mil fix cens foixante-douze , foient au furplus executez felon leur forme & teneur.

ENJOINT Sa Majefté au Sieur Lieutenant Général de la Police à Paris, & aux Sieurs Intendans & Commiffaires départis dans les Provinces , de tenir la main chacun en droit foi à l'éxécution du prefent Arrêt. Fait au Confeil d'Etat du Roy, Sa Majefté y étant , tenu à Verfailles le 30 jour de Mars 1700. Signé , PHELYPEAUX.

YVES-MARIE DE LA BOURDONNAYE Chevalier , Seigneur de Couetion , Confeiller du Roy en fes Confeils , Maîtres des Requêtes ordinaires de fon Hôtel , Commiffaire départi par Sa Majefté , pour l'éxécution de fes Ordres en la Province de Normandie , Généralité de Roüen.

VEU l'Arrêt du Confeil ci-deffus du 30 Mars dernier.
NOUS ORDONNONS que ledit Arrêt fera éxécuté felon fa forme & teneur , lû publié & affiché par tout où befoin fera , dans l'étenduë de notre Département. FAIT ce 20 Avril 1700. *Signé* , DE LA BOURDONNAYE : *Et plus bas,* Par Monfeigneur, GALLIER.   E 2

❊❊❊❊❊❊❊❊❊❊❊❊❊❊❊❊❊❊❊:❊❊❊❊❊❊❊❊❊❊❊❊❊❊❊❊❊❊

ARREST
DU CONSEIL D'ESTAT
DU ROY,

Qui fait défenses aux Maîtres Jurez faiseurs de Bas au
Métier de la Ville de Roüen, d'exposer en vente d'au-
tres Ouvrages au Métier, que ceux qu'ils auront fait ou
fait faire par leurs Apprentifs ou Compagnons dans
leur Maison ou Boutiques.

Du 26. Décembre 1711.

EXTRAIT DES REGISTRES DU CONSEIL D'ETAT DU ROY.

VEU PAR LE ROY E'TANT EN SON CONSEIL
l'Arreft rendu le fept Avril dernier, par lequel Sa Majefté
ayant été informée des conteftations furvenuës entre la Communauté des Maîftres Marchands Bonnetiers-Chapeliers de la Ville, Fauxbourgs & Banlieuë de Roüen, & celle des Ouvriers en
Bas & autres Ouvrages au métier de cette Ville, au fujet de la
Vifite, apprefts, vente & debit des Ouvrages, tant du Métier que du Tricot, auroit évoqué à Soy & à fon Confeil les Procés & differens, circonftances & dépendances ;
fait deffenfes à tous Juges d'en connoiftre, & aux Parties de pro-
ceder ailleurs qu'au Confeil, à peine de nullité, caffation de pro-
cedure, dépens, dommages & intérefts ; & avant faire droit fur
lefd. conteftations, ordonné que pardevant le Sieur Quentin de
Richebourg, Commiffaire départy par Sa Majefté en la Generalité de Roüen, les Parties feroient entenduës pour être par lui
dreffé procez verbal de leurs dires, moyens & prétentions, &
fur icelui, avec fon avis, vû & raporté au Confeil, être par Sa
Maiefté ordonné ce qu'il apartiendroit ; l'Ordonnance dudit fieur
de Richebourg du ving-un May fuivant, portant que pour l'execution dudit Arreft, les Maiftres & Gardes defdires Comumnau-
tez feroient affignez devant lui ; le Procez verbal par lui dreffé
le vingt cinq du même mois, contenant les dires, moyens & pré-

1

tentions des Parties, au bas duquel l'avis du fieur Commiffaire
départi; Veu auffi les Statuts defdites deux Communautez, les
Lettres Patentes obtenuës fur iceux, Arrefts du Confeil intervenus en conféquence, & notamment l'Arreft du trente Mars mil
fept cens, en forme de Réglement pour la fabrique des Bas &
autres Ouvrages faits au Métier; & tout confidéré : Oüi le rapport du fieur Defmareftz, Confeiller ordinaire au Confeil Royal,
Contrôleur Général des Finances : LE ROY ETANT EN
SON CONSEIL, a ordonné & ordonne que le Réglement
du trente Mars mil fept cens, fait pour la fabrique des Bas & autres ouvrages au Métier fera executé felon fa forme & teneur; ce
faifant, que les Maiftres faifeurs de Bas & autres ouvrages au
Métier ne pourront vendre, ni expofer en vente d'autres ouvrages au Métier que ceux qu'ils auront faits ou fait faire par leurs
Aprentifs ou Compagnons. Ordonne Sa Majefté que les Maiftres
Marchands Bonnetiers de ladite Ville de Roüen, pourront continuer de vendre & aprefter toutes fortes de Bas & ouvrages au
Métier; comme auffi de vendre, aprefter & vifiter les ouvrages au
Métier venans de dehors. Permet Sa Majefté aufdits Maiftres Marchands Bonnetiers de faire des Vifites chez lefdits Maiftres faifeurs
de Bas & autres ouvrages au Métier, affifté d'un Juré de cette
Communauté; même de faire feuls des Vifites extraordinaires chez
léfdits Maiftres faifeurs de Bas & autres ouvrages au Métier, fur
les avis qui leur feront donnez des contraventions commifes
contre les Réglemens; aprés néanmoins en avoir obtenu la permiffion du Lieutenant Général de Police. Permet pareillement Sa
Majefté aux Jurez de la Communauté des faifeurs de Bas & autres ouvrages au Métier de faire des Vifites chez les Marchands
Bonnetiers, fur les avis particuliers qui leur feroient donnez,
que les Marchands Bonnetiers auroient dans leurs maifons & boutiques des ouvrages faits en contravention des Réglemens; à l'é-
fet dequoi feront tenus d'obtenir permiffion du Lieutenant Gé-
neral de Police, & de requerir un des Gardes Marchands Bonnetiers de les accompagner dans lefdites Vifites; ou en cas de refus
defdits Gardes, de fe faire affifter d'un Commiffaire : Enjoint Sa
Majefté audit fieur Lieutenant Général de Police de ladite Ville
de Roüen, de tenir la main à l'exécution du prefent Arreft, fur lequel toutes Lettres à ce néceffaires feront expediées. Fait au
Confeil d'Etat du Roy, Sa Majefté y étant, tenu à Verfailles le
vingt-fixiéme jour de Décembre mil fept cens onze.

Signé, PHELYPEAUX.

✿✿✿✿✿✿✿✿✿✿✿✿✿✿✿✿✿✿✿✿✿✿✿✿✿✿✿✿✿✿✿

LOUIS par la Grace de Dieu, Roy de France & de Navarre : A nôtre amé & féal Lieutenant General de Police de la Ville de Roüen, SALUT, Nous vous mandons & enjoignons de tenir la main à l'execution de l'Arreſt dont l'extrait eſt ci-attaché ſous le contre-ſcel de nôtre Chancellerie, cejourd'hui rendu en nôtre Conſeil d'Etat, Nous y étant, pour les cauſes y contenuës : Commandons au premier nôtre Huiſſier ou Sergent ſur ce requis de ſignifier ledit Arreſt à tous qu'il appartiendra, à ce qu'aucun n'en ignore, & de faire en outre pour l'entiere execution d'icélui tous commandemens, ſommations & autres actes & exploits requis & néceſſaires, ſans demander autre permiſſion, nonobſtant clameur de Haro, Chartres Normande & Lettres à ce contraires : CAR tel eſt nôtre plaiſir. Donné à Verſailles le vingt-ſixiéme jour de Décembre l'an de grace mil ſept cens onze, & de nôtre régne le ſoixante-neuviéme. *Signé*, LOUIS : *Et plus bas*, Par le Roy, Signé, PHELYPEAUX.

❧❧❧❧❧❧ ❧❧❧❧❧❧❧❧❧❧ ❧❧❧❧❧❧❧

LETTRES PATENTES SUR ARREST.

Du 19 Mars 1712.

LOUIS par la Grace de Dieu, Roy de France & de Navarre : A nos amez & feaux les gens tenant nôtre Parlement à Roüen ; SALUT, Nous aurions été informez, qu'encore qu'il ait été fait divers Réglemens entre la Communauté des Maiſtres Marchands Bonnetiers Chapeliers de la Ville, Fauxbourgs & Banlieuë de Roüen, & celle des Ouvriers en Bas & autres ouvrages au Métier de cette Ville ; & qu'au préjudice de ces Réglemens ces deux Communautez n'ont pas laiſſé depuis long-temps d'avoir des conteſtations, & de ſoûtenir des Procez les uns contre les autres, au ſujet de la Viſite, apreſt, vente & debit des Ouvrages provenant, tant de la fabrique du Tricot, que de celle au Métier ; cequi a juſqu'à preſent cauſé un grand préjudice à ces deux Communautez, tant par raport aux frais de procedures qu'aux dérangemens que ces Procez leur ont cauſez dans leur commerce, & dans leur travail ; enſorte qu'il ſeroit néceſſaire de renouveller leſdits Réglemens, afin d'exciter leſdits Marchands

Bonnetiers à foûtenir & augmenter le commerce qu'ils font des Bas & autres ouvrages au Métier, & ceux faits au Tricot ; & lefdits Maîtres faifeurs de Bas au Métier à maintenir leur fabrique dans la perfection : A quoi defirant pourvoir, Nous aurions fait examiner lefdits Réglemens ; enfemble les Memoires prefentez à nôtre Confeil au fujet defdites contestations ; & pour procurer à ces deux Communautez les avantages qu'elles peuvent recevoir du commerce & des Ouvrages qu'elles font. Nous avons par Arrest de nôtre Confeil du vingt-fix Décembre mil fept cens onze fait un nouveau Réglement, tant fur le commerce, vente, aprêts, debit & Vifites que peuvent faire lefdits Marchands Bonnetiers, & lefdits Maîtres faifeurs de Bas au Métier, & voulant que ledit Arrest forte fon plein & entier effet : A CES CAUSES, de l'avis de nôtre Confeil, qui a vû ledit Arrest dudit jour vingt-fix Décembre mil fept cens onze, ci-attaché fous le contre-fcel de nôtre Chancellerie, & de notre certaine fcience, pleine puiffance & autorité Royale, Nous avons par ces prefentes fignées de notre main, dit & ordonné, difons & ordonnons, voulons & Nous plaît, que le Réglement du trente Mars mil fept cens, fait pour la fabrique des Bas & autres ouvrages au Métier, foit executé felon fa forme & teneur ; ce faifant, que les Maiftres faifeurs de Bas & autres ouvrages au Métier ne pourront vendre ni expofer en vente d'autres ouvrages au Métier, que ceux qu'ils auront faits ou fait faire par leurs Aprentifs ou Compagnons. Ordonnons que les Maiftres, Marchands Bonnetiers de ladite Ville de Roüen continuëront à vendre & aprefter toutes fortes de Bas & autres ouvrages au Métier, comme auffi de vendre, aprefter, & vifiter les ouvrages au Métier venant de dehors : Permettons aufdits Maiftres, Marchands Bonnetiers de faire des Vifites chez lefd. Maiftres faifeurs de Bas & autres ouvrages au Métier, affiftez d'un Juré de cette Communauté ; même de faire feuls des Vifites extraordinaires chez lefdits Maiftres faifeurs de Bas & autres ouvrages au Métier, fur les avis qui leur feront donnez des contraventions commifes contre les Réglemens, aprés néanmoins en avoir obtenu la permiffion de notre Lieutenant General de Police. Permettons pareillement aux Jurez de la Communauté des faifeurs de Bas & autres ouvrages au Métier, de faire des Vifites chez les Marchands Bonnetiers fur les avis particuliers qui leur feroient donnez, que les Marchands Bonnetiers auroient dans leurs maifons & boutiques des ouvrages faits en contravention des Réglemens ; à l'effet dequoi feront tenus d'obtenir permiffion de notredit Lieutenant General de Police, & de requerir un des Gardes Marchands Bonnetiers de les accompagner dans lefdites Vifites, ou en cas de refus defdits Gardes de se faire affister d'un Commisfaire : Si vous mandons , que ces Prefentes vous ayez à faire lire , publier , regiftrer , garder & obferver felon leur forme & teneur , fans y contrevenir, ni fouffrir qu'il y foit contrevenu , nonobftant clameur de Haro , Chartres Normandes , & toutes autres chofes à ce contraires, aufquelles Nous avons dérogé & dérogeons par cefdites prefentes ; Car tel est notre plaisir. Donné à Verfailles le dix-neuf jour de Mars, l'an de Grace mil fept cens douze . & de notre Régne le foixante-neuviéme. Signé, LOUIS: Et plus bas, Par le Roy, Signé, PHELYPEAUX. Vû au Confeil., Signé , DESMARETZ.

Lefdites Lettres ont été Regiftrées és Regiftres de la Cour , pour être éxécutées felon leur forme & teneur , & joüir par les Impetrans de l'effet & contenus d'icelles , fuivant l'Arreft de la Cour du quatorze Avril mil fept cens douze. Signé , AUZANET.

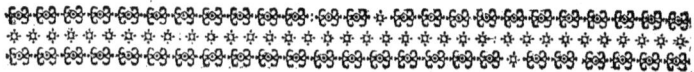

EXTRAIT DES REGISTRES DE LA COUR
de Parlement.

VEU PAR LA COUR , la grande Chambre affemblée , la Requête prefentée à icelle par la Communauté des Maîtres Marchands Bonnetiers-Chapeliers de la Ville , Fauxbourgs & Banlieuë de Roüen , à ce qu'il plût à ladite Cour , ordonner que les Lettres Patentes à eux accordées par Sa Majefté à Verfailles le dix-neuf Mars dernier , en conformité d'un Arrêt du Confeil d'Etat du Roy du vingt-fix Décembre mil fept cens onze ; par lefquelles Lettres Patentes Sa Majefté , pour éviter toutes les conteftations d'entre ladite Communauté defdits Bonnetiers-Chapeliers , & celle des Ouvriers en Bas , & autres Ouvrages au Métier de cette Ville , ordonne que le Réglement du trente Mars mil fept cens , fait pour la fabrique des Bas & autres Ouvrages au Métier , fera éxécuté felon fa forme & teneur ; ce faifant , que les Maîtres Faifeurs de Bas & autres Ouvrages au Métier ne pourront vendre ni expofer en vente d'autres Ouvrages au Métier , que ceux qu'ils auront faits ou fait faire par leurs Apprentifs ou Compagnons , & que les Maîtres Marchands Bonnetiers continuëront de vendre, apprêter & vifiter les Ouvrages au Métier venant de dehors , & permet aufdits Maîtres Marchands Bonnetiers de faire des Vifites chez lefdits Maîtres Faifeurs de Bas & autres Ouvrages au Métier ,

affiftez

affiftez d'un Juré de cette Communauté, même de faire feuls des
Vifites extraordinaires chez lefdits Maîtres faifeurs de Bas & autres Ouvrages au Métier, fur les avis qui leur feront donnez des
Contraventions commifes contre les Réglemens ; après néanmoins
en avoir obtenu la Permiffion du Lieutenant Général de Police,
& ainfi qu'il eft plus au long porté aufdites Lettres Patentes &
Arrêt du Confeil, feront enregiftrez, lûës & publiées où befoin
fera, pour être éxécutez felon leur forme & teneur, & joüir par
lefdits Maîtres Marchands Bonnetiers de l'effet d'icelles, Arrêt
étant fur ladite Requête, en datte du treize de ce mois, portant
que le tout feroit communiqué au Procureur Général du Roy,
lefdits Arrêts du Confeil d'Etat, & Lettres Patentes ci-deffus dattées, & autres Pieces attachées fous le Contrefcel d'icelles : Conclufions du Procureur Général du Roy, & oüi le Raport du fieur
de Marette Confeiller-Commiffaire. Tout confideré, LA COUR,
la Grande Chambre affemblée, a ordonné & ordonne que lefdites Lettres Patentes feront enregiftrées és Regiftres de ladite
Cour, pour être éxécutées felon leur forme & teneur, & joüir
par les Impetrans de l'effet d'icelles. Fait à Roüen en Parlement le
quatorziéme jour d'Avril mil fept cens douze. *Signé* AUZANET.
Collationné, *Signé* BELLIART.

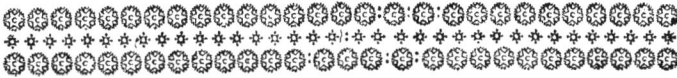

ARREST DU PARLEMENT

DE ROUEN,

*PORTANT Réglement pour l'Election des Prieur,
Juges-Confuls & Procureur Syndic de la Jurifdiction
Confulaire de Roüen.*

DU dix-neuviéme jour de Février mil fept cens quinze, à
Roüen, en la Cour de Parlement, entre les trois Corps &
Communautez des Marchands Orfévres, Bonnetiers-Chapeliers,
& Foureurs de cette Ville de Roüen, demandeurs en Requête
du premier Août 1714. à ce qu'il plaife à la Cour, les recevoir
opofans contre l'éxécution de l'Arrêt fur Requête, obtenu le 14

F

de Juillet audit an par le sieur Barthelemy le Couteux, Procureur Sindic en ladite année 1714. de la Jurisdiction Consulaire
& Chambre du Commerce de ladite Ville de Roüen, par lequel
il a fait ordonner que dans les Elections de Prieur, Juges Consuls
& Procureur Sindic, il ne sera plus appellé à l'avenir que le nombre de cent des principaux Négocians & Marchands, frequentans
& trafiquans sur la Place de la Bourse, avec les Gardes qui seront
lors en charge dans les Corps & Communautez des Marchands
Bonnetiers-Chapeliers, Libraires, Orfévres, Drapiers-drapans,
Teinturiers en grand & bon teint, Teinturier en Toille, Car-
tiers, Pignerres, Passementiers, Toilliers, Tapissiers, Chande-
liers, Tanneurs, comme representans les autres Marchands de
chaque Profession, lesquels Marchands au nombre de cent seront choisis par les Prieur, Juges Consuls & Procureur Sindic
en charge sur le Rôle general des Marchands de ladite Ville, &
mis sur un Rôle particulier chaque année ; pour ce fait conformément & en execution d'autre Arrest de notredite Cour du se-
ptiéme de Juillet 1707, être ledit Rôle délivré aux Officiers ordinaires pour faire la convocation desdits principaux Marchands
Négocians & Gardes seulement, aux fins par eux de donner leurs
Suffrages dans lesdites Elections, & assister aux Audiences de ladite Jurisdiction tour à tour en qualité de Semainiers quand ils seront appellez pour cet effet, sous les peines au cas apartenant
contre les défaillans, le tout conformément à l'établissement de
ladite Jurisdiction Consulaire de l'année 1556, audit Arrest de
1707, & à l'usage pratiqué en ladite Jurisdiction ; Et pour faire
droit sur ladite opposition & sur les moyens dont lesdits Opposans se prétendoient servir, ordonner que ledit Procureur Sindic
seroit tenu de leur communiquer lesdits Arrests ; comparans par
Maître Jacques du Chemin leur Procureur d'une part ; & encore entre les. Maîtres & Gardes Apoticaires Epiciers-Drogui-
stes de cette dite Ville, aussi demandeurs en Requête du 3 dudit
mois d'Aoust, pour être pareillement reçûs Opposans à l'execution dudit Arrest du 14 Juillet, ordonné qu'il sera raporté
comme surpris, & qu'ils en auront communication, pour par eux
y apporter leur contestation, & être ensuite ordonné par notredite Cour ce qu'il appartiendra, comparans par Me Germain
Boüillot leur Procureur d'autre part, & le sieur Procureur Sindic
année presente de lad. Jurisdiction Consulaire, deffendeur desd.
Requêtes d'Opposition, comparant par Maître Hector Allain son
Procureur d'une autre part, sans préjudice des qualitez ; après que
par l'Arrest de notredite Cour dudit jour 3 Aoust dernier lesdites
Oppositions ont été reçües, & en conséquence lesdits Arrêts
communiquez ausd. Opposans ; Oüis le Chapelain Avocat pour

lefdits Marchands Bonnetiers-Chapeliers, & Pelletiers Foureurs;
Néel Avocat pour lefdits Marchands Orfévres, lefquels ont déduit les moyens de leurs Oppofitions ; de Monteille Avocat defd.
Marchands Épiciers-Ciriers-Droguiftes-Apoticaires, lequel a auffi
déduit les moyens d'Oppofition ; Simon Avocat dud. fieur Procureur Sindic de la Jurifdiction Confulaire, & Hellouin de Ménil-
bus Avocat General, pour le Procureur General du Roy, devant lequel les Parties ont été entenduës à la Conférence du Parquet. LA COUR, ouï le Procureur General du Roy, a reçû
& reçoit ledit Arrêté du Parquet, & fuivant icelui faifant droit
fur l'Oppofition des Marchands Epiciers, Orfévres, Bonnetiers,
& Foureurs-Pelletiers, que fur les foûtiens & défenfes du Procureur Sindic de la Jurifdiction Confulaire & des Marchands de
Roüen, touchant l'Arreft rendu en ladite Cour le 14 de Juillet
dernier, en interprétant ledit Arreft, a ordonné & ordonne,
que pour donner les Suffrages lors des Elections qui fe feront à
l'avenir chaque année, foit des Prieur & Juges Confuls ou Procureur Sindic de ladite Jurifdiction, il fera feulement appellé le
nombre de deux cens cinquante Perfonnes, qui feront choifis par
les Prieur & Juges Confuls en charge, de l'avis de quatre Anciens Prieurs & Juges Confuls, qui feront pour cet effet nommez
dans une Affemblée generale qui procedera chaque Election ;
fçavoir, dans la Communauté des Marchands Merciers-Drapiers
le nombre de cent quarante-cinq, dans celle des Marchands Apo-
ticaires-Epiciers celui de quarante-cinq, dans celle des Marchands Bonnetiers le nombre de dix, dans celle des Marchands
Pelletiers-Foureurs le nombre de deux, & dans celle des Marchands Orfévres celui de quatre, dans celle des Marchands Li-
braires-Imprimeurs le nombre auffi de quatre, & douze autres
Marchands frequentans la Place de la Bourfe : Et pour remplir
jufqu'audit nombre de deux cens cinquante perfonnes, ordonne la Cour qu'il fera feulement choifi & appellé auffi à l'avenir
par lefdits Prieur & Juges Confuls & quatre Anciens, fçavoir les
Gardes en charge ou quatre perfonnes des plus diftinguez des
Métiers ci-aprés déclarez; premierement quatre du Métier de
Drapier-drapans, quatre de celui de Chapelier, deux de celui
de Paffementier, deux de celui de Pignerre, deux de celui de
Papetier-Cartier, deux de celui de Tanneur, deux de celui de
Corroyeur, deux de celui de Teinturier en grand & bon teint,
deux de celui de Toillier, deux de celui de Teinturier en Toille, deux de celui de Tapiffier, & deux de celui de Chandelier;
le tout auffi pour donner leurs Suffrages lors defd. Elections, &
comme reprefentans chacuns leur Communauté & Profeffion :
Ordonne auffi la Cour que le Rôle arrêté comme deffus de deux

F 2

cens cinquante perſonnes demeurera fixe , & qu'il ne pourra être changé aucuns deſdits Electeurs , que dans le cas de Nomination de quelques-uns d'eux , ſoit pour Juges au Procureur Sindic , ſoit par mort civile ou naturelle , ou pour changement de Pays , auſquels cas il ſera choiſi comme deſſus par leſdits Prieur & Juges-Conſuls en charge , & leſdits quatre Anciens dans chaque Corps des ſuſdits Marchands ou deſdits Métiers devant nommez d'autres perſonnes de la même Profeſſion des ſortans , pour remplir leurs places , juſqu'audit nombre de deux cens cinquante Perſonnes : Ordonne au ſurplus la Cour , que l'Edit d'établiſſement deſdits Prieur & Juges-Conſuls de l'année 1556 , l'Arrêt de Verification d'icelui , enſemble celui du ſeptiéme de Juillet 1707. rendu en icelle , feront éxécutez ſelon leur forme & teneur pour l'Election deſdits Prieur & Juges-Conſuls , & Procureur Sindic de ladite Juriſdiction ; & pour obliger les Marchands nommez d'aſſiſter à tour de Rôle aux Audiences d'icelle en qualité de Semainiers , & pour faire le Rapport des affaires qui leur ſeront renvoyées ; le tout ſuivant l'uſage pratiqué en ladite Juriſdiction , & ſur les peines portées par les ſuſdit Edit & Arrêts & autres du Conſeil , déclarez communs pour toutes les Juriſdictions Conſulaires , ſuivant le premier Article du tître douze de l'Ordonnance de 1673. verifiée en la Cour ; dépens compenſez entre les Parties ; & cependant ordonné que le preſent Arrêt ſera lû , publié & affiché en ladite Juriſdiction Conſulaire , à la pourſuite & diligence dudit Procureur Sindic. Fait comme deſſus. *Signé* , AUZANET , avec Paraphe. Pour copie : *Signé* , ALLAIN.

Le ſeiziéme de Mars mil ſept cens quinze , ſignifié & baillé Copie à Me Jacques Duchemin Procureur de Partie adverſe , à ce qu'il n'en ignore , en parlant à ſon Clerc en ſon Banc , par moi Huiſſier en la Cour ſouſſigné.

Signé ; LIMARRE.

ARREST
DU CONSEIL D'ESTAT
DU ROY,

QUI desunit la Communauté des Chapeliers de Roüen, d'avec celle des Bonnetiers de ladite Ville, pour faire à l'avenir, deux Corps distincts & séparez, & indépendans l'un de l'autre.

Du 5 Aouft 1719.

EXTRAIT DES REGISTRES DU CONSEIL D'ESTAT.

LE ROY ayant été informé que la Chapellerie qui forme une Communauté differente des Bonnetiers dans toutes les Villes du Royaume, dans celle de Roüen, a toûjours été unie & subordonnée à la Bonneterie, dont elle a seulement fait une branche ; & que quoique Sa Majesté ait accordé ausdits Chapeliers de Roüen, differentes Lettres Patentes és années mil quatre cens-quatre-vingt-seize, mil cinq cens quatre-vingt-quinze & mil cinq cens quatre-vingt-dix-neuf, pour être desunis de ladite Communauté des Bonnetiers, & faire Corps & Communauté à part, à l'instar des Chapeliers de Paris ; il est intervenu un premier Jugement à l'Hôtel de Ville de Roüen, en ladite année mil quatre cens quatre-vingt-seize, qui a été suivi de deux Arrêts du Parlement de ladite Ville, dans lesdites années mil cinq cens quatre-vingt-quinze & mil cinq cens quatre-vingt-dix-neuf, qui ont debouté les Chapeliers de l'enregistrement desdites Lettres, en leur accordant certaines conditions, sous lesquelles lesdits Bonnetiers & Chapeliers devoient demeurer réünis en une seule & même Communauté partagées néanmoins en deux Branches ; que ces conditions ayant produit une grande confusion entre ces deux Communautez, par Arrêt du Conseil du onziéme Mars mil six cens soixante-treize, Sa Majesté auroit essayé d'y pourvoir, en ordonnant d'un côté que les Bonnetiers-Chapeliers ne pourront exercer les deux Branches de la Bonneterie & de la Chapellerie en même-tems, & qu'ils seroient tenus d'opter à laquelle des deux ils voudroient s'attacher ; & d'autre part, que les Gardes-Jurez des deux Branches pourroient faire des visites particulieres sans apeller les Gardes de l'autre Branche ; mais que la confusion a augmenté depuis cet Arrêt, en ce que d'un côté l'Arrêt accordant aux Bonnetiers qui auroient opté la Chapellerie, de reprendre la Bonneterie lorsqu'ils le jugeront à propos, les Bonnetiers-Chapeliers qui ont opté la Chapellerie, ont refusé de faire Corps avec les Chapeliers, & contribuer à leurs dettes pendant leurs exercices de Chapelier ; d'un autre côté, sous prétexte que ledit Arrêt qui permet les Visites particulieres des Gardes de chaque Branche, ordonne l'éxécution des anciens Réglemens, par lesquels les Gardes Chapeliers ne pouvoient faire de Visites sans être assistez de deux Gardes Bonnetiers ; les Bonnetiers ont refusé aux Chapeliers de pouvoir poursuivre aucune saisie de leur chef, & sans l'aveu & l'intervention des Bonnetiers, que toutes ces prétentions ont donné lieu à quantité de Procès entre ces deux Communautez qui les ont engagez en de très-grands frais ; Sa Majesté a d'ailleurs été informée que la Bonneterie à Roüen, est un des six Corps des Marchands de ladite Ville, une Communauté puissante & considerable, & que la Chapellerie n'étant point des six Corps, les Chapeliers ne peuvent être admis aux Déliberations & Actes des six Corps, & sont obligez de se retirer de la Communauté lors de la convocation desdits six Corps ; elle a aussi été informée que la superiorité que les Arrêts du Parlement de Roüen, ont donné en toutes occasions aux Bonnetiers, gêne le commerce de la Chapellerie qui s'augmente considérablement tous les jours dans ladite Ville de Roüen, où cette Communauté est très-nombreuse ; qu'il y a aussi beaucoup d'abus dans l'Apprentissage, tant des Bonnetiers qui veulent passer dans la Chapellerie qui ne font point d'Apprentissage le tems nécessaire & porté par les Réglemens de la Chapellerie, que des Fils de Maîtres Bonnetiers qui sont reçûs sans aucune capacité ni experience ; par ces motifs, Sa Majesté voulant faire cesser la confusion qui régne entre ces deux Communautez, les Procès & les frais qui les consomment, & donner moyen à ces deux Communautez de travailler avec plus d'application, chacune à l'objet de leurs Professions, voulant faire le bien desdites deux Communautez, & contribuer aux progrès de leur commerce. VEU les Statuts des Chapeliers-Bonnetiers, Aumussiers, Mitainiers de la Ville & Fauxbourgs de Roüen, du mois de Mars mil quatre cens cinquante, les Jugemens des seize Décembre mil quatre cens cinquante-cinq, deux Décembre mil quatre cens quatre-vingt-treize, la Sentence de l'Hôtel de Ville de Roüen, du douziéme Avril mil quatre cens quatre-vingt-seize, les Arrêts du Parlement de Roüen des dernier May mil cinq cens soixante-quinze, quinze Mars mil cinq cens quatre-vingt-quinze, & quinze Mars mil cinq cens quatre-vingt-dix-neuf ; l'Arrêt du Conseil du onze Mars mil six cens soixante-treize, plusieurs autres Arrêts & Jugemens intervenus entre les Parties, plusieurs Certificats de diférentes Villes du Royaume, qui justifient que la Chapellerie y fait un Corps à part des Bonnetiers, dont quelques-uns sont convenus de l'indépendance des deux Professions, l'Edit du mois de Mars mil six cens soixante-treize, les Statuts presentez par les Chapeliers de Roüen & leur demande, afin de desunion de la Communauté des Bonnetiers, les Réponses des Bonnetiers, l'Avis du Sieur de Gasville Maître des Requêtes & Intendant en ladite Généralité de Roüen, ensemble celui des Deputez au Conseil de Commerce. Ouy le Rapport, LE ROY ETANT EN SON CONSEIL, de l'Avis de Monsieur le Duc d'Orleans Regent, a desuni & desunit la Communauté des Chapeliers de la Ville de Roüen, de celle des Bonnetiers de ladite Ville. Ordonne que chacune desdites deux Communautez fera corps à part, aura sa Confrairie & sa Chambre commune, & sera régie par ses Gardes-Jurez séparément & indépendamment l'une de l'autre. Ordonne Sa Majesté que ceux des Bonnetiers qui ont opté la Chapellerie, & en font actuellement l'exercice, seront tenus dans un mois du jour de la signification du present Arrêt, conformément à celui du onziéme Mars mil six cens soixante-treize, de faire leur option, & déclarer s'ils entendent exercer la Chapellerie ou reprendre la Bonneterie. Ordonne pareillement que dans ledit tems ceux des Bonnetiers qui ont jusqu'ici opté de demeurer dans la Bonneterie, seront aussi tenus de déclarer s'ils entendent opter la Chapellerie, & ausdits cas lesdits Bonnetiers y seront reçûs suivant les anciens Réglemens & l'ancien usage, sans qu'après ledit tems lesdits Bonnetiers & Bonnetiers-Chapeliers puissent reprendre le Métier qu'ils auront quitté. Ordonne aussi Sa Majesté que les dettes des deux Communautez feront acquittées ; SÇAVOIR, celles des Bonnetiers par les Bonnetiers, & celles des Chapeliers, tant par les Chapeliers simples que par ceux des Bonnetiers qui ont opté ou qui opteront la Chapellerie en conséquence du present Arrêt, sans que lesdits Bonnetiers-Chapeliers qui auront opté la Chapellerie, puissent être tenus des dettes desdits Bonnetiers, quand même ils y seroient personnellement obligez, sauf aux Bonnetiers à se pourvoir contre les Chapeliers pour être indemnisez de la portion dont les Chapeliers-Bonnetiers ont contribué juſqu'ici dans les dettes des Bonnetiers ; les défenſes des Chapeliers au contraire, à l'effet dequoi leſdits Bonnetiers & Chapeliers donneront leur Memoire, & conteſteront devant le Sieur de Gaſville Intendant, qui dreſſera Procés verbal des Dires des Parties, & donnera ſon Avis, pour le tout envoyé au Conſeil être par Sa Majeſté pourvû ainſi qu'il appartiendra. ENJOINT Sa Majeſté au Sieur de Gaſville de tenir la main à l'éxécution du preſent Arrêt, qui ſera lû, publié & affiché par tout où il appartiendra, & éxécuté nonobſtant oppoſitions, dont ſi aucuns interviennent, Sa Majeſté ſe réſerve la connoiſſance, & icelle interdit à toutes ſes autres Cours & Juges. FAIT au Conſeil d'Etat du Roy, Sa Majeſté y étant, tenu à Paris ce cinquiéme jour d'Août, l'an de Grace mil ſept cens dix-neuf. Signé, PHELYPEAUX, avec paraphe.

LOUIS, par la Grace de Dieu, Roy de France & de Navarre : A notre amé & feal Conſeiller en nos Conſeils, Maître des Requêtes ordinaire de notre Hôtel, le Sieur de Gaſville Commiſſaire départi pour l'éxécution de nos Ordres en la Généralité de Roüen, SALUT. Nous vous mandons & enjoignons par ces Preſentes ſignées de Nous, de tenir la main à l'éxécution de l'Arrêt ci-attaché ſous le Contreſcel de notre Chancellerie, cejourd'hui donné en notre Conſeil d'Etat, Nous y étant, pour les cauſes y contenuës, lequel Nous voulons être éxécuté, nonobſtant oppoſitions & tous autres empêchemens quelconques, pour leſquels Nous ne voulons être differé : Commandons au premier notre Huiſſier ou Sergent ſur ce requis, de ſignifier ledit Arrêt à tous qu'il appartiendra, à ce que perſonne n'en ignore, & de faire pour ſon entiere éxécution tous Actes & Exploits néceſſaires, ſans autre Permiſſion, nonobſtant Clameur de Haro, Chartre Normande & Lettres à ce contraires. Car tel eſt notre plaiſir. Donné à Paris ce 5 jour d'Août 1719. & de notre Régne le quatriéme. Signé, LOUIS. Et plus bas : Par le Roy, LE DUC D'ORLEANS Régent preſent, PHELYPEAUX.

JEAN-PROSPER GOUJON, CHEVALIER, SEIGNEUR de Gaſville & de Coutte, Baron de Châteauneuf, Conſeiller du Roy en ſes Conſeils, Maître des Requêtes ordinaire de ſon Hôtel, Intendant de Juſtice, Police & Finances en la Généralité de Roüen.

VEU l'Arrêt du Conſeil ci-deſſus, & la Commiſſion attachée ſous le Contreſcel d'icelui, à Nous adreſſée :
NOUS ORDONNONS que ledit Arrêt ſera éxécuté ſelon ſa forme & teneur, & en conſéquence ſignifié à qui il apartiendra, & lû, publié & affiché par tout où beſoin ſera dans l'étenduë de notre Département, à ce qu'aucun n'en ignore. FAIT au Pontdelarche le 17 jour d'Août 1719. ſigné, GOUJON DE GASVILLE. Et plus bas : Par Monſeigneur, DU VERT. AR-

ARREST
DU CONSEIL D'ETAT
DU ROY,

*Qui fait défense aux Marchands Merciers de Roüen ;
sous quelque prétexte que ce soit de se servir des Statuts accordez aux Marchands Merciers de Paris de
l'année 1613.*

Du 30 Mars 1734.

EXTRAIT DES REGISTRES DU CONSEIL D'ETAT DU ROY.

LE Roy ayant fait examiner en son Conseil d'Etat, Sa Majesté y étant, les representations faites pardevant le sieur Intendant & Commissaire départi dans la Generalité de Roüen , &
les Mémoires presentez par les Marchands Merciers-Drapiers
unis de ladite Ville d'une part , & par la Communauté des Marchands Bonnetiers de la même Ville d'autre part , à l'occasion
des nouveaux Statuts presentez par ladite Communauté des Bonnetiers , qu'ils ont demandé qui fussent autorisez par Lettres Patentes ; lesdits Marchands Merciers-Drapiers prétendant qu'ils
ont un intérêt sensible , & qu'ils sont fondez à s'opposer aux articles cinq , quinze , seize , dix-sept , & dix-huit desdits nouveaux
Statuts , dont les dispositions sont formellement contraires à celles des articles douze , treize , quatorze , quinze , seize , dix huit,
dix-neuf , vingt , vingt-un , vingt-deux , & vingt-trois , des Statuts
des Marchands Merciers-Grossiers-Joüailliers de la Ville de Paris,
autorisez par Lettres Patentes du mois de Janvier 1613. communs avec les Marchands Merciers de Roüen, qui ont été établis à
l'instar de ceux de Paris, & confirmez successivement dans les mêmes priviléges : Qu'en effet les Lettres Patentes en forme d'Edit
du mois de Septembre 1545. premier Titre des Merciers de
Roüen, enregistrées au Parlement de cette Ville par Arrest du
quatre Mars 1546. confirment leurs Statuts comme ayant été ré-

G

digez fur celles des Merciers de Paris, & pour leur donner les moyens de vivre dans leur état à Roüen, felon qu'ont accoûtumé de faire les Merciers de Paris ; Qu'en 1613. lefdits Merciers de Paris ont obtenu de nouveaux Statuts augmentez & rédigez en trente-deux articles confirmez par Lettres Patentes en forme d'Ordonnance du mois de Janvier de la même année ; Que par Lettres Patentes du mois de Juillet 1646. enregistrées au Parlement de Roüen par Arrest du vingt-quatre Juillet 1647. les Merciers de ladite Ville ont été confirmez dans tous les priviléges, libertez, franchifes, immunitez, & exemptions qui leur avoient été ci-devant octroyées, & qui étoient contenuës dans leurs Lettres Patentes & Arrest d'enregistrement ; Qu'en cet état il résulte inconteftablement de ces differens Titres une aprobation, continuation & confirmation fuivie en faveur des Merciers de Roüen, des Statuts, franchifes, immunitez & exemption telles qu'elles ont été accordées au Corps des Merciers de Paris, & par conféquent une Communauté avec les Merciers de Roüen des Statuts de ceux de Paris du mois de Janvier 1613. Ladite Communauté des Marchands Bonnetiers foutenant au contraire, que lefdits Merciers de Roüen font d'autant plus mal fondez à s'opofer aux nouveaux Statuts qu'ils ont prefentez, qu'ils s'aproprient fans Titre les Statuts des Merciers de Paris du mois de Janvier 1613. Que ce fait eft facile à prouver par les Titres mêmes fur lefquels lefdits Merciers fe fondent pour apuyer leur prétention, qu'il paroît par les Lettres Patentes du vingt fix Aouft 1545. adreffées au Bailly de Roüen, que les Merciers de la même Ville avoient prefenté quelques articles de Statuts rédigez fur ceux des Merciers de Paris, lefquels aprés avoir été examinez par ce Juge, il fut dreffé un projet des Statuts rédigez en dix-neuf articles pour les Merciers de Roüen ; Qu'il paroît de même par les Lettres Patentes en forme d'Edit du mois de Septembre 1545. qui autorifent lefdits Statuts, que les Merciers avoient prefenté Requête au Confeil privé, tendante à ce qu'il plût au Roy confirmer plufieurs articles de Statuts par eux prefentez fur le fait du Métier & état de Mercier dans la Ville de Roüen, contenant les moyens de vivre en leur état & Marchandifes avec les artifans de plufieurs & differens Métiers, & autres Merciers & Marchands aportant denrées & Marchandifes dans la Ville de Roüen, felon qu'ont accoûtumé faire ceux de la Ville de Paris : Que les Merciers ayant rencontré plufieurs difficultez pour faire enregiftrer lefdits Statuts & Lettres Patentes au Parlement de Roüen, ils expoferent de nouveau que leur commerce confiftoit principalement dans la vente de plufieurs efpeces de Marchandifes à eux venduës en gros & en détail, par les autres Mar-

Chands & Artifans de la Ville, qu'autres, comme Bonnetiers, Gantiers, Ceinturiers, Epingliers, &c. Que ces Marchandifes ayant été vifitées par les Gardes des Métiers & Marchands dont elles provenoient, il n'étoit pas jufte qu'elles fuffent affujetties à la vifite defdits Artifans, comme ils le prétendoient ; Que pour faire ceffer les differens procez mûs au Parlement de Roüen à cette occafion, & vivre en paix & tranquilité, ils avoient recouvré les Statuts obfervez dans la Ville de Paris par les Merciers de cette Ville, pour être réglez en leur état fur lefquels il avoit été dreffé des Statuts & Articles dont ils auroient requis la confirmation : Que fur cet expofé il intervint des premieres Lettres de Juffion au Parlement de Roüen du deux Janvier 1546. fuivies de fecondes Lettres du vingt-fept Février fuivant, d'enregiftrer les Statuts des Merciers, dans lefquelles un des principaux motifs de la confirmation de ces Statuts, étoit qu'ils étoient conformes à ceux des Merciers de Paris, Amiens, Évreux, Orleans, & autres Villes voifines : Qu'en execution defdites Lettres lefdits Statuts furent enregiftrées audit Parlement par Arreft du quatre Mars 1546. Qu'en cet état, il réfulte de ces faits : 1°. Que les conteftations furvenuës au Parlement entre les Merciers d'une part, & plufieurs autres Communautez qui prétendoient être en droit de vifiter leurs Marchandifes, furent le véritable motif des Statuts qu'ils prefentérent alors pour parvenir à s'affranchir de ces vifites : 2°. Qu'ils ne s'aidérent des Statuts des Merciers de Paris que pour rendre leur demande plus favorable, & faciliter l'obtention de l'Article de leurs propres Statuts qui tendoit à les affranchir, de même que les Merciers de Paris, de la vifite des Jurez des Arts & Métiers : Qu'ainfi s'étoit le feul privilége & l'unique exemption que defiroient les Merciers de Roüen, que l'ayant obtenu, ils ont eu ce droit de commun avec les Merciers de Paris, dont ils joüiffent aujourd'hui & qu'on ne leur contefte pas ; mais que ces Titres ne font pas fuffifans pour qu'il en réfulte une Communauté de Statuts entr'eux & les Merciers de Paris : Qu'en effet, en 1613. les Merciers de Paris obtinrent de nouveaux Statuts augmentez & rédigez en trente-deux Articles confirmez par Lettres Patentes en forme d'Ordonnance du mois de Janvier de la même année : Que les Merciers de Roüen depuis l'enregiftrement de leurs Statuts en 1546. ne les ayant fait ni renouveller, ni confirmer jufqu'en 1646. differentes Communautez dans cet intervalle de temps firent leurs efforts pour obtenir le droit de vifite fur les Marchandifes que les Merciers expofoient en vente, ce qui donna lieu à plufieurs conteftations qui furent portées au Parlement de Roüen ; Que les Merciers pour les faire ceffer folliciterent de nouvelles **Lettres de Confirmation**, & expofoient que les mêmes privileges accordez aux Merciers de la Ville de Paris leur avoient été ci-devant accordez, & entr'autres, l'exemption de fouffrir que les Marchandifes qu'ils achetent & débitent foient vifitées en leurs Maifons, ou ailleurs, par les Jurez des Ouvriers qui les fabriquent; Qu'ils avoient été confirmez dans ces privileges par plufieurs Arrêts du Parlement de Roüen, & notamment par deux contradictoirement rendus à leur profit contre neuf Communautez d'Arts & Métiers de la même Ville, des onze May mil fix cens quatre-vingt-fept, Aouft 1610. fuivis & autorifez d'autres Arrefts contradictoire du Parlement de Paris rendu au profit des Merciers contre les Fourbiffeurs de cette Ville le huit Juin 1640. Qu'enfin ils avoient paifiblement joui de tous les privileges, exemptions & avantages contenus dans les Statuts de l'érection de leur Corps & Lettres de confirmation d'iceux à l'inftar de celui de Paris, fans y avoir été troublez, ni empêchez que depuis quelque-tems par les Fourbiffeurs, Serruriers, Horlogers & autres Communautez, lefquels prétendoient avoir obtenu à leur profit quelques Arrefts du Parlement de Roüen, qui leur adjugent la vifite des Marchandifes particulieres de leur Métier, quoi qu'aportées par les Marchands Forains, faute par les expofans d'avoir fait confirmer de nouveau lefdits privileges & exemptions, ce qui les obligeoit pour éviter de nouvelles conteftations, & conferver l'union entr'eux & les ouvriers des Métiers, de fuplier Sa Majefté de leur accorder les Lettres fur ce néceffaires; Que fur cet expofé, ils obtinrent des Lettres Patentes du mois de Juillet 1646. conçües en ces termes: Nous avons aufdits expofans & à tous les Marchands Merciers de nôtre Ville de Roüen, continué & confirmé tous & chacuns les privileges, libertez, franchifes, immunitez & exemptions fûs mentionnées, & autres à eux octroyées par les Rois nos prédéceffeurs contenuës ès Patentes, Arrefts de notre Cour de Parlement de Roüen & de celle de Paris, & autres Actes & Titres énoncez, ci-attachez fous le contre fcel de notre Chancellerie, pour en joüir par lefdits expofans ainfi qu'ils en ont ci-devant bien & düement joüi & ufé, joüiffent & ufent encore de prefent; Que fuivant ces Lettres Patentes, les Merciers n'ont été confirmez que dans les priviléges détaillez dans leur expofé;que felon eux-mêmes, ces Priviléges avoient été Extraits des Statuts d'Erection de leur corps de l'année 1545. & ils opéroient fimplement l'exemption de la vifite des Jurez des Arts & Métiers; enforte que les Lettres Patentes du mois de Juillet 1646. n'ont confirmé en faveur des Merciers de Roüen,que leurs feuls Statuts de 1545 n'étant fait aucune mention des Statuts des Merciers de Paris de 1613. ni dans l'expofé, ni dans le difpofitif defdites Lettres Patentes, dans l'un ou l'autre defquels ils auroient dû être néceffairement inférez pour être rendus communs aux Merciers de Roüen, & même attachez fous le contrefcel defdites Lettres Patentes : Et Sa Majefté defirant faire ceffer lefdites conteftations, & prévenir celles aufquelles la prétention des Marchands Merciers de Roüen, de joüir des Statuts accordez en 1613. à ceux de la Ville de Paris, pourroit donner lieu entre lefdits Merciers de Roüen, & les autres Communautez de la même Ville, en expliquant fes intentions d'une maniere plus précife ; Vû lefdits Mémoires, les Statuts des Merciers de Roüen, les Lettres Patentes en forme d'Edit du mois de Septembre 1545. qui ont autorifé lefdits Statuts ; l'Arrêt du Parlement de Roüen du quatre Mars 1546. portant enregiftrement defdites Lettres Patentes, les Statuts des Merciers de Paris autorifez par Lettres Patentes en forme d'Ordonnance du mois de Janvier mil fix cens treize ; autres Lettres Patentes du mois de Juillet mil fix cens quarante-fix, confirmatives, des Statuts des Merciers de Roüen de mil cinq cens quarante-cinq, & autres piéces jointes. l'avis du fieur de la Bourdonnaye, Intendant & Commiffaire départi dans la Généralité de Roüen, enfemble celui des députez du Commerce. Tout vû & confidéré : Oüi le Rapport du Sieur Orry Confeiller d'Eftat, & ordinaire au Confeil Royal, Contrôleur Général des Finances : LE ROY ETANT EN SON CONSEIL, a ordonné & ordonne que les Statuts accordez aux Marchands Merciers de Roüen, autorifez par Lettres Patentes du mois de Septembre mil cinq cens-quarante-cinq, confirmez par autres Lettres Patentes du mois de Juillet mil fix cens quarante-fix, feront éxecutez felon leur forme & teneur, en conféquence, que lefdits Marchands Merciers joüiront defdits Statuts, fans pouvoir par eux prétendre fous quelque prétexte que ce foit, joüir des Statuts accordez aux Marchands Merciers de Paris, autorifez par Lettres Patentes du mois de Janvier mil fix cens treize, n'y qu'ils foient communs avec eux ; & feront fur le prefent Arreft, toutes Lettres néceffaires expediées : F a i t au Confeil d'Etat du Roy, Sa Majefté y étant, tenu à Verfailles le trentiéme jour de Mars mil fept cens trente-quatre. Signé, CHAUVELIN.

Ledit Arrêt du Confeil a été regiftré és Regiftres du Greffe de la Cour, pour être éxecuté felon fa forme & teneur, & joüir par les Impétrans de l'effet & contenu d'icelui, fuivant l'Arrêt de la Cour donné, la Grand'Chambre affemblée. A Roüen, le 10 May 1734. Signé, AUZANET.

Ledit Arrêt du Confeil a été regiftré és Regiftres du Greffe de Police de la Ville de Roüen, pour être éxecuté, fuivant fa forme & teneur, & joüir par les Impétrans de l'effet & contenu d'icelui, fuivant la Sentence de Monfieur le Lieutenant Général de Police, du quatriéme Juillet 1736. Signé, LERNAULT.

STATUTS
ET REGLEMENS,

*POUR LES MARCHANDS BONNETIERS
de la Ville , Fauxbourgs & Banlieuë
de Roüen.*

Donné au mois de May 1734.

ARTICLE PREMIER.

TOUS les Maîtres du Corps & Communauté des Marchands Bonnetiers , feront de la Confrérie de Saint Sever , Patron dudit Corps , fondée en l'Eglise Cathédrale de Notre - Dame de Roüen , pour entretenir entr'eux la paix & l'union.

II.

Ladite Communauté continuëra d'être régie par quatre Gardes , deux anciens & deux nouveaux , qui exerceront leurs fonctions pendant deux années confécutives , & fera le plus ancien defdits Gardes , chargé de la recette des deniers de la Communauté.

I I I.

Il fera procedé tous les ans au mois de Décembre depuis le premier jufqu'au dix dudit mois , par tous les Maîtres de la Communauté affemblée à cet effet , à l'élection & nomination de deux Gardes , pour remplacer les deux anciens qui fortiront d'éxercice , lefquels nouveaux Gardes régiront ladite Communauté conjointement avec ceux de l'élection précedente , & fera le même ordre obfervé d'année en année , enforte qu'il y ait toûjours deux anciens & deux nouveaux Gardes ; & après ladite élection faite , lefdits deux nouveaux Gardes élûs feront prefentez par fes deux anciens , au Sieur Lieutenant Général de Police , pour prêter le ferment accoûtumé.

I V.

Seront tenus les Gardes en exercice de prefenter les aprentifs & les afpirants à la Maîtrife , audit Sieur Lieutenant de Police , pour prêter ferment entre fes mains , comme aufli de figner les Brevets d'apprentiffage , & les Lettres de reception à la Maîtrife.

V.

L'ancien Garde comptable fera tenu à la fin de fon exercice , de rendre compte en prefence des trois autres Gardes du Doyen , & de huit anciens Maîtres de lad. Communauté qui auront paffé par les charges de l'adminiftration des deniers qu'il aura reçûs pendant l'année de fon exercice , & remettra les fommes qui pourront refter en fes mains après le compte arrêté à l'ancien qui lui fuccédera , qui en rendra pareillement compte en fortant de charge , aufli-bien que des deniers qu'il aura reçûs pendant le tems de fon exercice , ce qui fera éxécuté fucceffivement par tous les anciens Gardes comptables.

V I.

Lefdits Gardes feront au moins quatre vifites générales par chacun an , & des vifites particulieres toutes les fois qu'ils le jugeront à propos , dans les Boutiques & Magazins des Maîtres de lad. Communauté, tant de la Ville, que des Fauxbourgs & Banlieuë, lors defquelles chaque Maître fera tenu de leur faire ouverture de tous les lieux où il y aura des Marchandifes de Bonneterie , & où il s'en trouveroit qui ne fuffent pas conformes aux Réglemens , lefdits Gardes les faifiront & en pourfuivront la confifcation pardevant le Juge de Police , avec les amendes portées par lefdits Réglemens.

V I I.

Lefdits Gardes feront aidez & affiftez dans l'adminiftration des affaires de la Communauté , par le Doyen & huit anciens Maîtres qui auront paffé par les charges , lefquels feront à cet effet,

affemaſſemblée tous les mois , & plus ſouvent , ſi il eſt jugé néceſſaire par les Gardes en exercice dans le Bureau de la Communauté , pour y déliberer ſur les affaires communes ; & ce qui aura été arrêté dans leſdites aſſemblées , ſera éxécuté par tous les Maîtres de ladite Communauté , à peine de dix livres.

V I I I.

Du nombre des huit anciens Maîtres nommez pour aſſiſter auſdites aſſemblées , il en ſortira tous les ans quatre qui ſeront remplacez par les deux Gardes ſortant d'éxercice , & par deux autres anciens Maîtres ayant paſſé par les Charges , qui ſeront élûs par la Communauté aſſemblée le même jour , & enſuite de l'élection de deux nouveaux Gardes.

I X.

Nul Maître dudit Corps & Communauté ne pourra prendre chez lui d'apprentif pour lui apprendre la profeſſion de Bonnetier , s'il n'en fait un exercice actuel , n'y en avoir qu'un ſeul à la fois.

X.

Le tems de l'apprentiſſage ſera de quatre années conſécutives , pendant leſquelles l'apprentif ſera tenu de demeurer chez ſon Maître , & de le ſervir fidellement ; & leſdites quatre années expirées , ledit aprentif ſera en outre tenu de ſervir pendant deux autres années chez les Maîtres de ladite Communauté , après quoi il lui ſera libre de ſe preſenter pour faire ſon chef-d'œuvre , & être reçû Maître , en rapportant néanmoins ſon Brevet d'apprentiſſage , & des Certificats en forme des Maîtres chez leſquels il aura fait ſes quatre années d'apprentiſſage & ſes deux années de ſervice.

X I.

Les apprentifs qui quitteront leurs Maîtres avant le terme des quatre années de leur apprentiſſage accompli , n'acquéreront aucun droit pour parvenir à la Maîtriſe , & leurs Brevets ſeront & demeureront nuls.

X I I.

Les Gardes & les Doyen & huit anciens Maîtres nommez pour les aider , & aſſiſter dans l'adminiſtration des affaires dudit Corps & Communauté , ne pourront preſenter aucun aſpirant à la Maîtriſe , qui ne ſoit François de nation , & de la Religion Catholique , Apoſtolique & Romaine.

X I I I.

Si un aprentif après avoir fait ſes quatre années d'apprentiſſage , & ſervi pendant deux autres années chez les Maîtres , conformément à ce qui eſt preſcrit par les preſens Statuts ; ſe preſente pour être reçû à la Maîtriſe , il ſera tenu préalablement de

H

faire à ses frais son chef-d'œuvre de toutes perfections , dans le Bureau de la Communauté , en presence des Gardes en exercice , & desdits Doyen & huit anciens Maîtres , lequel chef-d'œuvre consistera à faire avec une livre de Laine de Carmenie , un paire de Bas d'homme du poids de dix onces , & un Bonnet à Bâteau double à usage d'homme du poids de six onces , le tout tricoté à cinq éguilles , foulé à proportion , & drapé en bonne qualité , il sera aussi presenté audit apprentif douze piéces au moins d'ouvrage de Bonneterie de différentes fabriques & qualitez , tant en Soye , Fleuret , Castor , Carmenie , Vigonne & Poil , qu'en Laine différente , Fil de Lin , de Chanvre & Coton , de toutes especes , tant de France que de l'étranger ; & après avoir été examiné sur ces différentes especes de fabriques , si son chef-d'œuvre est trouvé bon & suffisant , & qu'il soit jugé capables par les Gardes & lesdits Doyen & huit anciens Maîtres , il sera conduit au Serment & reçû Maître , payera les droits dûs aux Officiers de Police , six livres pour les Gardes , & trois livres pour la Confrérie de Saint Sever.

X I V.

Lorsqu'il se presentera quelque Fils de Maître pour être reçû , il sera obligé de faire demi chef-d'œuvre , tel qu'il lui sera presenté par les Gardes , sans qu'il puisse le refuser , & il payera les droits dûs aux Officiers de Police , trois livres aux Gardes , & trente sols pour la Confrérie de Saint Sever.

X V.

Ne pourront les Maîtres dudit Corps prendre aucun associé ; s'il n'est reçû Maître dudit Corps , & que la societé ne soit déclarée & enregistrée en la Jurisdiction Consulaire , suivant l'Ordonnance , à peine d'être déchu de la Maîtrise & de cent livres payables par les contrevenans au profit des pauvres de la Communauté , & aucun Maître ne pourra faire la profession de Marchand Bonnetier , si il est Courtier ou Aubergiste.

X V I.

Les Veuves des Maîtres dudit Corps jouïront des Droits & Priviléges de leurs maris , & pourront exercer la profession de Marchandes Bonnetieres , tant qu'elles resteront en viduité sans pouvoir néanmoins faire d'Apprentifs ; & au cas qu'elles se remarient avec quelqu'un qui ne soit pas Maître dudit Corps , elles seront obligées de cesser leur profession , & de fermer boutique ; ne pourront au surplus lesdites Veuves ceder directement ni indirectement leur droit , ni prêter leur nom & qualité à qui que ce soit , à peine d'être déchuës & privées de la profession & du commerce de la Bonneterie.

X V I I.

Les Marchandifes de Bonneterie faites à l'éguille ou au Métier, de quelle qualité qu'elles foient en Soye, Caftor, Poil, Laine, Fil, Coton, Vigogne, ou autres Matieres qui feront apportées dans la Ville de Roüen, par les Marchands Forains ou Etrangers, & par tous Voituriers, Maîtres de Meffageries & Colporteurs, foit en paffe-debout, foit pour ladite Ville, feront portées & déchargées directement au Bureau des Marchands Bonnetiers, fans pouvoir être déchargées, ni dépofées allieurs.

X V I I I.

La vifite defdites Marchandifes de Bonneterie apportées au Bureau des Bonnetiers, y fera faite conjointement par les Gardes en Charge de ladite Communauté, & par deux Jurez des fabriquants de Bas au Métier de ladite Ville de Roüen ; & après la vifite faite, celle defdites Marchandifes qui fe trouveront conformes aux Réglemens, feront expofées en vente à tous les Maîtres dudit Corps des Bonnetiers, & celles qui fe trouveront de mauvaife qualité & en contravention aufdits Réglemens, feront faifies & arrêtées pour en être la confifcation pourfuivie conjointement par les Gardes defdites deux Communautez, par-devant les Juges des Manufactures, avec la condamnation des amendes portées par lefdits Réglemens.

X I X.

Les Marchands Forains & Etrangers pourront pendant trois jours confécutifs expofer leurs Marchandifes de Bonneterie, en vente, aux feuls Maîtres du Corps des Marchands Bonnetiers, & dans ledit Bureau feulement, ledit terme de trois jours expiré, ils pourront en porter où ils jugeront à propos, hors de la Ville & de la Banlieuë, celles qu'ils n'auront pas vendûës, fi mieux n'aiment les laiffer à la garde du Concierge dudit Bureau, & il fera payé par lefdits Marchands Forains aux Gardes de la Communauté, pour ladite vifite, frais de Bureau, Magazinage, & Garde du Concierge un fol par douzaine de chaque forte d'ouvrage de Bonneterie, tant à l'Eguille qu'au Métier.

X X.

Les Maîtres Marchands Bonnetiers pourront tirer tant des fabriques du Royaume, que de l'Etranger, toutes fortes de Marchandifes de Bonneterie, de Laine, Soye, Fleuret, Fil, Coton, Poil, Caftor, & autres, & les vendre en gros, & ils auront feuls la faculté & le droit de vendre en détail lefdites Marchandifes de Bonneterie, privativement à tous autres, excepté les fabriquants de Bas au Métier, qui pourront vendre les ouvrages qu'ils auront fabriquées ou fait fabriquer par leurs Apprentifs ou Compagnons.

X X I.

Pourront pareillement les Maiftres Marchands de ladite Communauté faire venir & tirer tant des Provinces du Royaume que
du Pays étranger toutes les matieres premieres propres aux Ouvrages de Bonneterie, comme de Soye, Laines, Poil, Coton,
Fils & autres de toutes efpeces aprêtées & non aprêtées, & les
faire filer & aprêter pour les employer par eux-mêmes, ou les
faire employer par leurs Ouvriers, fans qu'ils puiffent revendre,
foit en gros ou en détail aucunes defdites matieres même filées
& aprêtées en quelque forte & fous quelque prétexte que
ce foit.

X X I I.

Tous les Maiftres dudit Corps & Communauté feront tenus
d'employer dans la fabrique des Ouvrages de Bonnetiers à l'Eguille de bonnes matieres, comme Soye débouïllies dans le Savon
bien teinte & déffechée, nette & fans boures, en huit brins au
moins fuffifamment adoucie, platte & nerveufe, enforte qu'elle
rempliffe la maille des Ouvrages qui en feront faits.

X X I I I.

Seront pareillement tenus lefdits Maiftres d'employer des Laines de bonne qualité, telle que celles de Carmenie, Perfe, Vigogne, Angleterre, Efpagne, Berry, Cotentin & autres Provinces du Royaume, bien nette, avec défenfes d'employer d'autre Laine apellée Mourines, Agnelins, peignons, baffes plures,
& autre de mauvaife qualité.

X X I V.

Lefdits Maiftres Marchands Bonnetiers employeront dans la fabrique des Ouvrages fins des Cotons de toutes fortes de qualitez, tant des Colonies Françoifes & des Indes, qu'autres endroits, lefquels ils feront tenus de faire bien éplucher, carder,
nettoyer & filer également; & à l'égard des Ouvrages communs &
groffiers, ils pourront y employer du Coton de Cipre.

X X V.

Les Ouvrages fins en Fil, feront faits de bons Fils retors & les
communs de Fils plat de bonne qualité.

X X V I.

Les Maiftres dudit Corps & Communauté feront tenus d'employer dans la fabrique des Bas d'Eftame des Laines de bonne
qualité, peignées au moins deux fois, & des Laines cardées
deux fois, & filées en treme dans la fabrique des Ouvrages de
treme, deftinées à être drapées, & lefdits Ouvrages de tréme,
pour être d'une qualité parfaite, feront tricotez également, foulés un tiers davantage que ceux d'Eftame, Eftain

drapé avec des Chardons fins, & tondus deux fois en Laine droite.

XXVII.

Seront pareillement tenus lefdits Bonnetiers faire les Ouvrages doublez tels que les Cafques, Bonnets ronds & à oreilles pour homme & pour femme, Calottes & autres d'une même Laine en entier, tant pour le dedans que pour le deffus, à peine de trois livres payables par les contrevenans pour chaque contravention, & de confifcation defdits Ouvrages.

XXVIII.

Tous les Ouvrages de Bonneterie en Laine feront foulez à la main, dégreffées avec du Savon vert, foulées à deux eaux vives avec du Savon de Marfeille ou de Gêne, & tors de façon qu'il n'y refte aucune impureté, & que lefdits Ouvrages puiffent recevoir les autres aprefts avec plus de perfection; & fi en foulant lefdits Ouvrages, il s'y fait quelques caffures, elles feront rentraitées & racoutrées avec de la Laine de pareille qualité, ou avec de la Soye platte de la même couleur que celles defdits Ouvrages.

XXIX.

Seront au furplus tous les Maiftres dudit Corps & Communauté tenus de fe conformer aux Edits, Arrefts & Réglemens concernant la fabrique & le commerce des Ouvrages de Bonneterie fous les peines y portées.

Lefdits Articles de Statuts ont été regiftrez ès Regiftres de la Cour pour être executé felon fa forme & teneur, & joüir par les impetrans de l'effet & contenu d'iceux, fuivant les modifications portées par l'Arreft de la Cour donné, la Grand'Chambre Affemblée le vingt May 1734. Signé, A U Z A N E T, avec paraphe.

Lefdits Articles de Statuts ont été regiftrés ès Regiftres du Greffe de Police de la Ville de Roüen, pour être executés felon leur forme & teneur, & joüir par les impétrans de l'effet & contenu d'iceux, fuivant la Sentence de Monfieur le Lieutenant Général de Police du 4. Juillet 1736. Signé, L E R N A U L T.

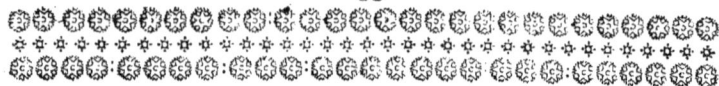

CONFIRMATION
DE STATUTS,

Pour les Marchands Bonnetiers de la Ville de Roüen.

Donné à Verfailles au mois de May 1734.

L O U I S par la Grace de Dieu, Roy de France & de Navarre : A tous prefens & à venir, S A L U T, Nos amez les Maîtres Marchands Bonnetiers de la Ville, Fauxbourgs & Banlieuë de Roüen, Nous ont fait remontrer qu'ils font établis en Corps de Jurande depuis plufieurs fiécles, & que leur Communauté eft gouvernée par d'anciens Statuts qui ont befoin d'être renouvellées à caufe des changemens des tems, afin de pouvoir faire obferver dans leur Corps une exacte difcipline, furquoi ils fe font pourvûs en nôtre Confeil où leurs nouveaux Statuts ont été rédigez en vingt-neuf Articles, & comme ils ne fçauroient les faire executer fans notre autorité, ils nous ont très-humblement fait fuplier de leur vouloir accorder nos Lettres de Confirmation néceffaires. A C E S CAUSES, voulant traiter favorablement les Expofans, Nous avons aprouvé, confirmé, & autorifé, aprouvons, confirmons & autorifons par ces Prefentes fignées de nôtre main, les nouveaux Statuts du Corps & Communauté des Expofans dreffées & rédigées en notre Confeil en vingt-neuf Articles, ci-attachez avec l'Arrêt rendu entr'eux & les Marchands Merciers-Drapiers de ladite Ville de Roüen le trente Mars dernier, fous le contre-fcel de notre Chancellerie : Voulons & Nous plaît qu'ils foient gardez & obfervez, felon leur forme & teneur, par lefdits Maîtres Marchands Bonnetiers, prefens & à venir, fans qu'il y foit contrevenu, le tout fans préjudicier néanmoins à nos droits ni à ceux d'autrui, & pourvû qu'il ne foit intervenu aucun Arreft ni Réglement contraire : Si donnons en Mandement à nos Amez & feaux Confeillers les Gens tenans notre Cour de Parlement à Roüen, & à tous nos autres Officiers & Jufticiers qu'il appartiendra, que ces Prefentes ils faffent enregiftrer, & de leur contenu, joüir & ufer les Expofans pleinement, paifiblement &

perpetuellement , ceffant & faifant ceffer tous troubles & empêchemens contraires : C A R tel eft notre plaifir ; & afin que ce
foit chofe ferme & ftable à toûjours , Nous avons fait mettre
notre fcel à ces Prefentes. Donné à Verfailles au mois de May ,
l'an de grace mil fept cens trente-quatre , & de nôtre régne le
dix-neuviéme. *Signé* , L O U I S : *Et plus bas* , Par le Roy ,
CHAUVELIN.

Lefdites Lettres de Confirmation de Statuts ont été regiftrées ès regiftres
de la Cour , pour être executées felon leur forme & teneur , & joüir par
les impétrans de l'effet d'icelles , fuivant les modifications portées par l'Ar-
reft rendu , la Grand'Chambre affemblée le vingt May mil fept cens trente-
quatre. Signé , A U Z A N E T.

Lefdites Lettres de Confirmation de Statuts ont été regiftrées ès re-
giftres du Greffe de Police , pour être executées felon leur forme & teneur ,
& joüir par les impétrans de l'état d'icelles , fuivant la Sentence de
Monfieur le Lieutenant Général de Police , du quatre Juillet mil fept
cens trente-fix. Signé , L E R N A U L T.

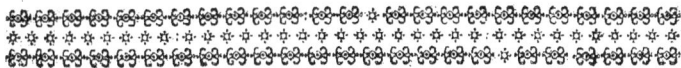

A R R E S T

DE LA COUR DU PARLEMENT,

Portant l'Enregiftrement de l'Arreft du Confeil , du tren-
tiéme de Mars , les Lettres Patentes , & les Articles de
Statuts des Marchands Bonnetiers de la Ville de Roüen.

Du 20 May 1734.

Extrait des Regiftres de la Cour de Parlement.

VEU PAR LA COUR , la Grand'Chambre affemblée ,
la Requête prefentée à icelle , par les Maîtres Marchands
Bonnetiers de la Ville , Fauxbourgs & Banlieuë de Roüen ,
tendante à ce qu'il lui plût ordonner , que les Lettres Patentes à
eux accordées par Sa Majefté , à Verfailles , au mois de May der-

nier, portant Approbation, Confirmation, & Autorifation des nouveaux Statuts du Corps & Communauté defdits Marchands Bonnetiers, dreffez & rédigez au Confeil de Sadite Majefté, en vingt-neuf Articles attachez fous le contre-fcel defdites Lettres, avec l'Arreft rendu entr'eux & les Marchands Merciers-Drapiers de ladite Ville de Roüen, le trente Mars dernier, lefquels Sadite Majefté, veut être gardez & obfervez, felon leur forme & teneur, ainfi qu'il eft plus au long referé aufdites Lettres de Confirmation, feront regiftrées és Regiftres de la Cour, pour être éxécutez felon leur forme & teneur, & joüir par eux de l'effet & contenu d'icelles, Ordonnance de la Cour étant au bas de ladite Requête : portant, foit communiqué au Procureur Général du Roy, lefdites Lettres de Confirmation de Statuts, enfemble lefdits Statuts attachez fous le contre-fcel d'icelles. Conclufions du Procureur Général du Roy, & Oüi le Rapport du Sieur le Pefant de Boifguilbert, Confeiller-Commiffaire : TOUT CONSI-DERE', LA COUR, la Grand'Chambre affemblée, a ordonné & ordonne que l'Arreft du Confeil du trente de Mars dernier, lefdites Lettres Patentes & les Articles de Statuts y attachez, feront regiftrez és Regiftres de la Cour, pour être éxécutées felon leur forme & teneur, & joüir par les Impétrans de l'effet d'icelles, fans qu'on puiffe induire de l'article dix-neuf, que les Marchandifes qui paffent debout, foient fujettes à aucuns droits, foit pour vifite, frais de Bureau, Magazinage, Droits de Concierge, ou fous quelqu'autre prétexte que ce puiffe être : à Roüen, en Parlement, le vingt May mil fept cens trente-quatre, *Collationné :* *Signé,* HEUZE', & *Signé,* AUZANET, avec paraphe.

Ledit Arrêt a été regiftré és Regiftres du Greffe de Police de la Ville de Roüen, pour être éxécuté felon fa forme & teneur, & joüir par les Impétrans de l'effet & contenu d'icelui, fuivant la Sentence de Monfieur le Lieutenant Général de Police, du quatriéme Juillet 1736. Signé, LERNAULT.

ARREST

ARREST

DU CONSEIL D'ESTAT

DU ROY,

QU I déboute les Marchands Merciers - Drapiers de la Ville de Roüen , des oppositions par eux formées aux Statuts des Marchands Bonnetiers de la même Ville.

Du 11 Janvier 1735.

EXTRAIT DES REGISTRES DU CONSEIL D'ESTAT.

VEU par le Roy en son Conseil, les Requêtes respective-
ment presentées par les Maîtres & Gardes des Marchands
Merciers-Drapiers unis de la Ville de Roüen , d'une part ; &
par les Maîtres & Gardes des Marchands Bonnetiers de la même
Ville , d'autre part , par lesquelles ils auroient conclu ; sçavoir,
les Maîtres & Gardes des Marchands Merciers-Drapiers , à ce qu'en
interprétant en tant que de besoin l'Arrêt du Conseil du trentiéme Mars mil sept cens trente-quatre ; il plût à Sa Majesté , les
maintenir & garder dans les droits , priviléges , exemptions ,
franchises & immunitez contenus dans les Lettres Patentes des
mois de Septembre 1545. Septembre 1566. Avril 1570. Décembre
1577. Décembre 1596. Ce faisant , sans avoir égard aux Articles
dix-sept & dix-huit des Statuts des Marchands Bonnetiers de
Roüen , autorisez par Lettres Patentes du mois de May 1734.
maintenir lesdits Suplians dans l'exemption de visite pour les Marchandises de Bonneterie qu'ils feront aporter dans ladite Ville ;
pour leur compte & risque , conformément aux Arrêts du Parlement de Roüen , dès vingt-quatre Juillet 1647. & vingt-quatriéme
Janvier 1689. ordonne pareillement que la faculté exclusive &
privative de vendre en détail les Marchandises de Bonneterie ac-

I

cordées aufdits Marchands Bonnetiers par l'Article 20 defdits Statuts, ne pourra préjudicier aux Supliants, n'y les priver de debiter lefdites Marchandifes par fixains & fous corde, conformément à l'Arrêt du Parlement de Roüen, du huitiéme Février 1694. lequel fera éxécuté felon fa forme & teneur ; & lefdits Maîtres & Gardes des Marchands Bonnetiers, à ce que les Marchands Merciers-Drapiers fuffent deboutez de leurs demandes ; les moyens des Maîtres & Gardes des Marchands Merciers-Drapiers, qui fe réduifent à dire que les Marchands Bonnetiers ont obtenu des Statuts pour leur Communauté, qui ont été autorifez par Lettres Patentes du mois de May 1734. qu'en ayant requis l'enregiftrement au Parlement de Normandie ; les Supliants ont demandé qu'ils leur fuffent communiqué, ce qui leur a été accordé, qu'ils ont reconnu que l'article 17 des Statuts, porte que les Marchandifes de Bonneterie qui feront apportées dans la Ville de Roüen, par les Marchands Forains ou Etrangers, & par tous Voituriers Maîtres de Meffageries, & Colporteurs, foit en paffe-debout, foit pour ladite Ville, feront portées & déchargées directement au Bureau des Marchands Bonnetiers, fans pouvoir être déchargées n'y dépofées ailleurs ; que par l'article 18. il eft dit que la vifite defdites Marchandifes de Bonneteries aportées audit Bureau, y fera faite conjointement par les Gardes en Charge defdits Bonnetiers, & par deux Jurez des fabriquans de Bas au Métier de ladite Ville, que par l'article 20. Il eft porté que lefdits Bonnetiers auront feuls la faculté & le droit de vendre en détail les Marchandifes de Bonneterie privativement à tous autres, que par Arrêt du Confeil du trentiéme Mars 1734. attaché fous le contrefcel defdites Lettres Patentes du mois de May de la même année. Il a été ordonné que les Statuts accordez aux Marchands Merciers de Roüen, autorifez par Lettres Patentes du mois de Septembre 1545. confirmez par autres Lettres patentes du mois de Juillet 1646. feroient éxécutez felon leur forme & teneur, en conféquence que lefdits Marchands Merciers joüiroient defdits Statuts, fans pouvoir par eux prétendre fous quelque prétexte que ce fut, joüir des Statuts accordez aux Marchands Merciers de Paris, autorifez par Lettres Patentes du mois de Janvier 1613. n'y qu'ils foient communs avec eux ; que fi les difpofitions des articles 17 & 18. defdits Statuts des Bonnetiers fubfiftoient fans reftriction, elles anéantiroient le principal Privilége des Marchands Merciers, qui confifte dans l'exemption de vifite des Gardes-Jurez des Métiers particuliers pour les Marchandifes qu'ils font venir pour leur compte & rifque, en ce que les Marchandifes de Bonneterie, que les Merciers pourroient faire venir & aportée pour leur compte & à leurs rifques, foit en paffe-debout, ou pour la

Ville de Roüen, se trouveroient confonduës avec celles sujetes à
la visite des Bonnetiers, que ce droit d'exemptions de visites de la
part des autres Corps & Communautez est fondé : 1o. Sur la
disposition générale des Lettres Patentes du vingt-sept Février
1546. qui déclarent les Marchandises des Merciers-Grossiers de
Roüen exempte de la visite des Jurez des Métiers particuliers de
ladite Ville : 2o. Sur les Lettres Patentes du mois de Septembre
1566. qui confirment les Merciers de Roüen dans cette exemption de visite : 3o. Sur les Lettres Patentes du mois de Décembre 1577. qui font défenses à tous les Maistres de la Ville de Roüen
d'entreprendre aucunes visitations sur les Merciers-Grossiers de cette
Ville , & autres Marchands Merciers Grossiers Etrangers venant
dans ladite Ville , même sur toutes les Marchandises dépendantes
dudit état de Mercier-Grossier, appartenantes ausdits Etrangers,
tant en allant, venant, qu'entrant en ladite Ville, sur peine
d'amende la visitation, en étant réservée aux Gardes dudit état
de Mercier-Grossier. 4o. Sur les Lettres Patentes du mois de
Juillet 1646. qui confirment les Merciers dans les Priviléges ,
franchises, immunitez & Exemptions à eux accordez par les
Rois prédécesseurs contenus , & Patentes & Arrests des Cours du
Parlement de Paris & de Roüen , du nombre desquels étoit entr'autre l'exemption de souffrir que les Marchandises que lesdits
Merciers achettent & débitent soient visitées en leurs Maisons
ou d'ailleurs par les Jurez des Ouvriers qui les manufacturent,
qu'outre l'exemption générale de visite que les Merciers ont
pour les Marchandises qu'ils font venir pour leur compte & risque, & qu'ils achettent & débitent ; ils ont encore une exemption particuliere de visite sur les Marchandises de Bonneterie ;
dont il font commerce : 1o. Par l'Arrest du Parlement de Normandie du vingt-quatre Juillet 1647. qui ordonne l'enregistrement des Lettres Patentes du mois de Juillet 1646. rendu contradictoire entre les Bonnetiers & autres Communautez de
Roüen & les Merciers , parce qu'il a été ordonné que toutes
Marchandises d'une seule sorte apportées à Roüen aux risques
& pour le compte des Merciers-Grossiers , & marquées de leurs
marques , ne seront sujettes à la visitation des Maistres des Métiers
particuliers , desquels lesdites Marchandises dépendent , & que la
visite des Marchandises mêlées , aportées par les forains dans ladite Ville apartiendra aux Merciers-Grossiers , seuls privativement
à tous autres Métiers , fors & réservé les armes à feu , les la-
mes d'épées, les Epiceries, Drogueries , & Orfévreries, lesquelles quoique mêlées avec d'autres , feront visitées par les Maistres
& Gardes des Métiers desquels lesdites Marchandises dépendent,
en la maniere & forme accoûtumée en quelque lieu qu'elles soient

hors néanmoins les Maifons & Boutiques des Merciers-Groffiers, dont l'entrée pour vifiter eft interdite & deffenduë à tous autres Métiers particuliers : 2°. Par un autre Arreft du même Parlement de Normandie du vingt-quatre Janvier 1689. rendu contradiétoirement entre les Bonnetiers & les Merciers, qui décharge les Merciers de la vifite des Bonnetiers pour les Marchandifes, paquets & ballots de Bonneteries qu'ils feront aporter à leurs rifques & pour leur compte, marquez de leurs marques, fuivant leurs Lettres d'avis qu'il réfulte de ces differens Titres que regardent nomément les Merciers de Roüen, & qui n'ont nulle relation avec les Statuts des Merciers de Paris du mois de Janvier 1613. dont ils ne prétendent fe fervir en aucune façon depuis l'Arreft du Confeil du trente Mars 1734. qui leur défend que les Marchandifes de Bonneterie qui font apportées à Roüen pour le compte & rifque des Merciers ne font affujetties à la vifite ni des Bonnetiers ni des fabriquans de Bas au Métier, & que par conféquent, elles doivent être exceptées de la difpofition générale des Articles dix-fept & dix-huit des Statuts accordez aufdits Bonnetiers, qu'à l'égard de l'Article vingt defdits Statuts, ils ne font des reprefentations fur les difpofitions qu'ils contient, que pour être maintenus dans ce droit qu'ils ont de détailler les Marchandifes de Bonneterie, pourvû que ce foit par fixains & fous corde que ce droit eft fondé fur un Arreft du Parlement de Normandie du huit Février 1694. rendu contradiétoirement entre les Merciers & les Bonnetiers, par lequel il a été fait défenfes à tous Merciers de vendre & debiter aucunes Marchandifes de Bonneterie autrement que par fixains & fous corde, aux termes de l'Arreft du Parlement de Paris du vingt Aouft 1575. rendus entre les Merciers & les Bonnetiers de ladite Ville, & des Statuts des Bonnetiers de la même Ville de l'année 1608. enforte que leurs reprefentations fur ledit Article vingt, n'ayant aucune relation avec les Statuts des Merciers de Paris du mois de Juillet 1613. & étant au contraire fondées fur un Titre particulier aux Merciers de Roüen, fervant de Réglement entr'eux & les Bonnetiers, ils ont lieu d'efperer que Sa Majefté ne les privera pas de la faculté de vendre les Marchandifes de Bonneterie par fixains & fous corde, les réponfes des Maiftres & Gardes des Marchands Bonnetiers foutenans qu'il n'y a pas lieu de douter que Sa Majefté en affujettiffant à la vifite des Bonnetiers, toutes les Marchandifes de Bonneteries fans diftinétion, n'ait eu le bien public en vüë, qu'ainfi que les differens Titres raportez par les Merciers de Roüen les en ayant exemptez ou non, ces Titres ne peuvent & ne doivent rien changer, à ce que Sa Majefté s'eft propofé : Eu égard, que d'ailleurs les Marchandifes de Bonneteries dont les Merciers de Paris font commerce, étant affujetties à la vifite des Bonnetiers de cette Ville, cette Police doit être la même pour celles que les Merciers de Roüen font venir, & qu'ils vendent fans que fous quelque prétexte que ce foit, ils puiffent fe fouftraire de cette régle qui a été jugée également néceffaire pour eux, que Sa Majefté étoit inftruite des difpofitions de l'Arreft du Parlement de Normandie du huit Février 1694 lorfque les Statuts des Bonnetiers ont été rédigez, enforte qu'en leur accordant par l'Article vingt de ces Statuts, ce détail exclufif des Marchandifes de Bonneterie privativement à tous autres, elle auroit infailliblement réfervé aux Merciers la faculté de vendre ces Marchandifes par fixains & fous corde, fi elle avoit jugé qu'elle dût leur apartenir, que c'eft ainfi qu'il en a été ufé à l'égard des Merciers de Paris lors de la réduction des Statuts accordez en 1608. aux Bonnetiers de cette Ville, que n'en ayant pas été ufé de même pour les Merciers de Roüen, il faut néceffairement conclure que Sa Majefté ne l'a pas trouvé jufte; que d'ailleurs l'Arreft du Parlement de Roüen du huit Février 1694. n'accordant aux Merciers la faculté de vendre les Bas par fixains, que conformément aux Statuts des Bonnetiers de Paris de l'année 1608. & ces Statuts ne permettant aux Merciers de Paris la vente des Bas que par fixains, que fans parement ou accoutrement, les Merciers de Roüen ne fçauroient en prétendre davantage aujourd'hui, que la faculté de vendre des Bas par fixains, ne fut accordée aux Merciers de Paris en 1608. que parce qu'il ne fe fabriquoit pas alors de bas au Métier dans le Royaume, & que les Merciers les tiroient bruts des Païs Etrangers, & les revendoient enfuite fans être parez, luftrez, ni aprêtez aux Bonnetiers qui les aprêtoient, & les détailloient au public; mais que comme la fabrique de Bas au Métier eft actuellement confidérable dans le Royaume, & qu'il ne s'en tire plus de l'Etranger; la faculté accordée aux Merciers de les vendre par fixains, fans aparement ni accoutrement, qui eft tout ce qu'ils peuvent prétendre leur eft totalement inutile, puifqu'il ne fe debite pas de Bas dans le public fans être aprêtées, & que d'un autre côté il n'eft pas vraifemblable que les Bonnetiers les achettent des Merciers, tandis qu'ils peuvent les tirer directement des lieux des fabriques; qu'au furplus, la faculté qui feroit accordée aux Merciers de vendre les Bas par fixains, donneroit lieu à une infinité d'abus; d'autant plus préjudiciables aux Bonnetiers qu'à la faveur de cette permiffion, il ne manqueroit pas de vendre des Bas en détail, & pair à pair, fans qu'il fut prefque pofible de les convaincre de cette contravention, ce qui donneroit lieu à des conteftations continuelles entre ces deux Com-

munautez ; que l'unique moyen de les prévenir est de réserver
aux Bonnetiers ce détail exclusif des Marchandises de Bonneterie qui leur est accordé par l'Article vingt de leurs Statuts , &
d'ôter aux Merciers tout prétexte de les détailler en leur interdi-
sant la faculté de les vendre par sixains , ce qui d'ailleurs est
d'autant plus juste que les Bonnetiers sont restraints au seul
Commerce des Marchandises de Bonneterie , tandis que celui
des Merciers est au contraire d'une très-grande étenduë par le
nombre presque infini de différentes sortes de Marchandises qu'il
embrasse , vû pareillement les Lettres Patentes du mois de Septembre 1545. Février 1546. Septembre 1566. Avril 1570.
Décembre 1577. & Décembre mil cinq cens quatre vingt seize ;
les Statuts des Bonnetiers de Paris de l'année 1608. autres Lettres Patentes du mois de Juillet 1646. ledit Arrêt du
Parlement de Roüen des vingt-quatre Juillet 1647. vingt-quatre
Janvier 1689. & huit Février 1694. l'Arrêt du Conseil du trente
Mars 1734. les articles dix-sept, dix-huit & vingt , des Statuts des
Bonnetiers de Roüen , autorisés par Lettres Patentes du mois de
May suivant , ensemble l'avis des Députez du Commerce : Tout vû
& consideré : Oüi le Rapport du sieur O R R Y , Conseiller d'Etat
& ordinaire au Conseil Royal , Contrôleur Général des Finances : LE ROI EN SON CONSEIL , a ordonné & ordon-
ne que les Articles dix-sept , dix-huit & vingt , des Statuts des
Marchands Bonnetiers de Roüen , autorisez par Lettres Patentes
du mois de May 1734. feront éxécutez selon leur forme & teneur ; & cependant ayant aucunement égard à la Requête des
Marchands Merciers-Drapiers de ladite Ville , leur permet de vendre des Bas & autres ouvrages de Bonneterie par sixains , entier
& sous-corde ; Déboute , Sa Majesté , lesdits Merciers - Drapiers , du surplus de leurs demandes , & seront sur le present Arrêt , toutes Lettres nécessaires expédiées : Fait au Conseil
d'Etat du Roy , tenu à Versailles le onziéme jour de Janvier ,
mil sept cens trente-cinq.

Collationné.   **Signé ,** D E R O U G N Y.

*Ledit Arrêt du Conseil a été vegistré és Registres de la Cour , pour être éxécuté
selon sa forme & teneur , & joüir par les Impétrans de l'effet & contenu d'icelui , suivant
l'Arrêt de la Cour donné , la Grand'Chambre assemblée. A Roüen en Parlement ce 8
Mars 1735. Signé , AUZANET.*

*Ledit Arrêt du Conseil a été registré és Registres du Greffe de Police de la Ville de Roüen ,
pour être éxécuté , suivant sa forme & teneur , & joüir par les Impétrans de l'effet &
contenu d'icelui , suivant la Sentence de Monsieur le Lieutenant Général de Police , du quatriéme Juillet 1736. Signé , LERNAULT.*

LETTRES PATENTES
DU ROY,

POUR LES MARCHANDS BONNETIERS
de la Ville de Roüen.

Du 26 Janvier 1735.

LOUIS, par la Grace de Dieu, Roy de France & de Navarre : A nos amez & feaux Conseillers, les Gens tenans notre Cour de Parlement à Roüen, & autres nos Officiers & Justiciers qu'il appartiendra : SALUT, nos Amez les Maîtres & Gardes des Marchands Bonnetiers de ladite Ville, nous ont fait representer qu'ils ont obtenu au mois de May 1734. des Lettres Patentes confirmatives de leurs Statuts qui ont été enregistrées en notre Cour ; que les Maîtres Gardes des Marchands Merciers-Drapiers unis de la même Ville, en ayant pris communication, ont prétendu que les articles dix-sept, dix-huit, & vingt desdits Statuts, leur portoient quelque préjudice, & étoient contraires aux diverses Lettres Patentes qui leur avoient été accordées par les Rois, nos prédecesseurs, & à quelques Arrêts rendus en conséquence ; surquoi, s'étant pourvûs par Requête en notre Conseil, par laquelle ils ont demandé d'être maintenus dans l'éxemption de visite pour les Marchandises de Bonneterie qu'ils feroient apporter dans ladite Ville, pour leur compte, & que la faculté exclusive de vendre en détail la Marchandise de Bonneterie, accordée aux Exposans, par l'article vingt desdits Statuts, ne pourroit préjudicier ausdits Merciers-Drapiers, ils sont privez de debiter lesdites Marchandises par sixains & sous-cordes ; les Exposans ce sont aussi pourvûs en notre Conseil, & sur les différentes Requêtes respectives, & sur le vû des Piéces, & l'avis des Deputez du Commerce, est intervenu Arrêt le onze du present mois de Janvier, par lequel il a été ordonné que les articles dix-sept, dix-huit, & vingt des Statuts, seroient éxécutez selon leur for-

me & teneur ; que cependant les Marchands Merciers-Drapiers
de ladite Ville , pourroient vendre des Bas & autres ouvrages de
Bonneterie par fixains entier & fous-corde , les débouté du furplus de leurs demandes ; que pour l'éxécution dudit Arrêt , toutes Lettres néceffaires feront expediées , lefquelles les Expofans
Nous ont très-humblement fait fuplier de leur vouloir accorder:
A CES CAUSES , Nous avons conformément audit Arrêt
du onzé du prefent mois , dont l'Extrait eft ci-attaché fous le
contrefcel de notre Chancellerie, ordonné & ordonnons par ces
Prefentes fignées de notre main , Voulons & Nous plaît , que les
articles dix-fept , dix-huit , & vingt, des Statuts des Marchands
Bonnetiers de Roüen , autorifez par Lettres Patentes du mois de
May 1734. feront éxécutez felon leur forme & teneur ; & cependant ayant aucunement égard à la Requête des Marchands Merciers-Drapiers de ladite Ville , leur avons permis & permettons de
vendre des bas & ouvrages de Bonneterie , par fixains entiers &
fous corde , déboutons les Merciers-Drapiers du furplus de leurs
demandes : Si vous Mandons que ces Prefentes , vous faffiez enregiftrer , & de leur contenu , joüir & ufer les Expofans pleinement & paifiblement , ceffant & faifant ceffer tous troubles &
empêchemens contraires : CAR tel eft notre plaifir. DONNE' à
Verfailles le vingt-fixiéme jour du mois de Janvier , l'an de
Grace mil fept cens trente-cinq , & de notre Régne le vingtiéme.
Signé , LOUIS : Et plus bas , Par le Roy , CHAUVELIN.

*Les Lettres Patentes ont été regiftrées és Regiftres de la Cour , pour
être éxécutées felon leur forme & teneur , & joüir par les Impétrans de
l'effet & contenu d'icelles , fuivant l'Arrêt de la Cour donné , la Grand'-
Chambre affemblée. A Roüen , en Parlement , le huitiéme de Mars 1735.
Signé , AUZANET.*

*Lefdites Lettres Patentes ont été regiftrées és Regiftres du Greffe de Po-
lice de la Ville de Roüen , pour être éxécutées felon leur forme & teneur ,
& joüir par les Impetrans de l'effet & contenu d'icelles , fuivant la Sentence de Monfieur le Lieutenant Général de Police , du 8 Mars 1735.
Signé , LERNAULT.*

ARREST

ARREST

DE LA COUR DU PARLEMENT

DE ROUEN.

Du 8 Mars 1735.

VEU par la Cour, la Grand'Chambre affemblée, les Lettres Patentes de Sa Majefté, fur Arrêt du Confeil d'Etat
accordé à Verfailles le vingt-fix Janvier dernier, aux Maîtres & Gardes des Marchands Bonnetiers de la Ville de Roüen ;
par lefquelles Sadite Majefté, pour lefdites caufes y contenuës,
ordonne que conformément audit Arrêt de fon Confeil du onze dudit mois, les articles dix-fept, dix-huit, & vingt, des Statuts defdits Marchands Bonnetiers, autorifez par Lettres Patentes du mois de May 1734. exécutées felon leur forme & teneur,
& cependant, n'ayant aucunement égard à la Requête des Marchands Merciers de la Ville de Roüen, leur a permis & permet de
vendre des Bas & ouvrages de Bonneterie par fixains, entiers &
fous-cordes ; iceux deboutez du furplus de leurs demandes, Requête prefentée à la Cour, par lefdits Maîtres & Communauté
des Marchands Bonnetiers de la Ville, Fauxbourg & Banlieuë
de Roüen, tendante à ce qu'il lui plût ordonner, que ledit Arrêt
du Confeil du onze Janvier dernier, & Lettres Patentes expediées en conféquence le vingt-fix du même mois, feront regiftrées és regiftres de la Cour, pour être exécutées felon leur forme & teneur, & joüir par eux de l'effet d'iceux ; ladite Requête
foufcrite d'Ordonnance en datte d'aujourd'huy, & portant, foit
communiqué au Procureur Général, les Conclufions d'icelui, &
oüi le Rapport du Sieur le Pefant de Boifguilbert, Confeiller-
Commiffaire : TOUT CONSIDERE', la Cour, la Grand'Chambre affemblée, a ordonné & ordonne que lefdites Lettres Patentes fur Arreft du Confeil, feront regiftrées és Regiftres de la
Cour, pour être éxécutées felon leur forme & teneur, & joüir

K

par les Impétrans de l'effet d'icelles ? A Roüen , en Parlement , le 8 Mars 1735. *Signé* , AUZANET.

Ledit Arrêt du Conseil a été regiftré ès Regiftres du Greffe de Police de la Ville de Roüen , pour être exécuté fuivant fa forme & teneur , & joüir par les Impétrans de l'effet & contenu d'icelui , fuivant la Sentence de Monfieur le Lieutenant Général de Police , du 4 Juillet 1736. Signé , LERNAULT.

A R R E S T

DE LA COUR DU PARLEMENT

D E R O Ü E N ,

QVI déboute les Jurez faifeurs de Bas , & autres ouvrages au Métier de la Ville de Roüen , des oppofitions par eux formées aux Statuts des Marchands Bonnetiers de la même Ville , du onziéme jour de May 1736.

LOUIS, par la Grace de Dieu , Roy de France & de Navarre : A tous ceux qui ces prefentes Lettres verront : SALUT ; Sçavoir faifons que cejourd'hui la Caufe dévolute en notre Cour de Parlement , entre la Communauté des Maîtres & Gardes Jurez faifeurs de Bas au Métier , & autres ouvrages en dépendans de la Ville , Fauxbourgs & Banlieuë de Roüen , Demandeurs en Requête d'oppofition du dix-huitiéme jour de Mars mil fept cens trente-cinq , contre l'éxécution de l'Arrêt du vingt de May mil fept cens trente-quatre , & en tant que befoin , à l'éxécution de l'Arrêt du 8 de Mars 1735. & pareillement contre les articles dix-fept , dix-huit & vingt , des nouveaux Statuts des Maîtres & Gardes Marchands Bonnetiers de la Ville , Fauxbourgs & Banlieuë de Roüen , deffendeurs en Requêtes des vingt-trois & vingt-fept de Janvier 1736. & incidemment demandeurs en Requê-

te du fept de Mars audit an ; d'une part ; lefdits Maîtres & Gardes Marchands Bonnetiers de la Ville, Fauxbourgs & banlieuë de
Roüen, deffendeurs de ladite Requête d'oppofition, du dix-huit
tiéme jour de Mars 1735. demandeurs efdites Requêtes des vingt-
trois & vingt-feptiéme de Janvier, & deffendeurs en celle du fept
de Mars, d'autre part : Vû par notre Cour, l'Arrêt rendu entre lefdites Parties, le vingt-quatriéme jour de Mars 1735. par lequel notre Cour ; Parties oüies, & notre Procureur Général a
reçû lefdits Maîtres & Gardes Jurez, faifeurs de Bas au Métier,
oppofans ; & pour être fait droit fur leur oppofition, a apointé
les Parties en droit, pour être le Procès Jugé en la Grand'Chambre, fignifié de Procureur à Procureur le vingt-fix dudit mois,
avec déclaration de mettre le procédé en diftribution, avec
Sommation de donner des fufpeéts ; autre Arrêt de notre Cour
du vingt-fept de Janvier 1736. qui fur la demande incidente defdits Maîtres & Gardes Marchands Bonnetiers, appointe les Parties en droit, & joint au Procès pendant au Rapport du fieur de
Saint Juft, pour être fait droit fur le tout, par un feul & même Arrêt, fans préjudice des fins de non-recevoir ; deffenfes, au
contraire, fignifiées de Procureur à Procureur le trente-un dudit mois ; autre Arrêt de notre Cour du trois de Février audit an,
qui fur la demande incidente defdits Maîtres & Gardes Marchands
Bonnetiers, portée en leur Requête du vingt-feptiéme jour de
Janvier, appointe les Parties en droit, & joint au Procès pendant au Rapport du Sieur de Saint Juft, fans préjudice des fins
de non-recevoir ; deffenfes, au contraire, fignifiées de Procureur à
Procureur le dix dudit mois ; autre Arrêt du vingtiéme jour de
Mars audit an, fur ladite Requête defdits Maîtres & Gardes faifeurs de Bas du feptiéme jour dudit mois, fur lequel notre Cour,
Parties oüies, & notre Procureur Général les a reçûs incidemment oppofans ; & pour être fait droit fur ladite oppofition, a ap-
pointé les Parties en droit, icelle jointe à l'oppofition principale,
apointée & diftribuée au Sieur Guenet de Saint Juft, pour le tout
être jugé par un feul & même Arrêt, fans préjudice des fins de
non-recevoir ; deffenfes, au contraire, fignifiées de Procureur à
Procureur le vingt-troifiéme jour dudit mois : Vû auffi les Piéces
refpeétivement clofes par lefdites Parties, en éxécution defdits Arrêts, compaffez de celles fuivantes ; fçavoir, cahier de plufieurs
Vidimus, dont le premier eft de Statuts & Lettres Patentes de l'é-
tat & Métier de Marchand Bonnetier-Chapelier, & appartenance en la Ville & Banlieuë de Roüen : Donnez à Tours au mois
de Mars 1450. Le fecond d'augmentation de deux Gardes, &
explication de plufieurs Articles des précédens Statuts, du feize
de Décembre 1455. Le troifiéme, de Sentence renduë au Siége

du Bailliage de Roüen , du deuxiéme jour de Décembre 1493. en interprétation de l'article des Statuts , qui enjoint de faire chef-d'œuvre , après avoir fervi comme apprentif le tems porté par les Réglemens. Le quatriéme, de Sentence renduë au Siége du Bailliage de Roüen , le vingt-neuviéme jour d'Avril 1596. Le cinquiéme , de Lettres Patentes accordées par Henry IV. du mois d'Octobre 1596. Portant confirmation de Statuts , Lettres & Priviléges de l'état & métier de Marchand Bonnetier-Chapelier , & appartenance en la Ville & Banlieuë de Roüen. Le fixiéme , Arrest de notre Confeil d'Etat , du onziéme jour de Mars 1573. qui maintient lefdits Marchands Bonnetiers dans l'ufage & poffeffion des deux Branches. Le feptiéme , d'Arreft de notre Cour , du huit de Février 1694. rendu entre les Marchands Bonnetiers-Chapeliers , & les Marchands Merciers de la Ville de Roüen. Le huitiéme , d'Arreft de notre Confeil , du trente de Mars 1700. Portant réglement pour les Maîtres Ouvriers & faifeurs de Bas au Métier. Le neuviéme , d'Arreft de notre Confeil , du vingt-fixiéme jour de Décembre 1711. rendu entre les Maîtres Marchands Bonnetiers de la Ville de Roüen , & les Ouvriers en Bas. Les dix , onze & dernier , de Lettres Patentes accordées fur lefdits Arrefts ci-deffus , & l'Arreft de l'enregiftrement de notre Cour , des dix-neuf de Mars & quatorze Avril 1712. Arreft de notre Confeil d'Etat , du trente de Mars 1734. rendu entre la Communauté des Marchands Merciers de Roüen , & celle des Bonnetiers de ladite Ville , Extrait délivré par Me Auzanet Greffier en chef de notre Cour , le vingtiéme jour de May 1734. des Articles des Statuts defdits Marchands Bonnetiers de ladite Ville , Fauxbourgs & Banlieuë de Roüen , contenant vingt-neuf articles , Lettres Patentes données à Verfailles au mois de May 1734. par Nous accordées , portant confirmation des Statuts defdits Marchands Bonnetiers. *Signées* , LOUIS ; *Et fur le repli* , Par le Roy , CHAUVELIN , *& Vifa* , CHAUVELIN , & fcellées en lacs de foye & d'un fceau de cire verte , & fur le repli , eft écrit l'enregiftrement qui en a été fait en notre Cour le vingt dudit mois ; Arreft de notre Cour dudit jour vingt May , par lequel notre Cour , la Grand'Chambre affemblée , ordonne que lefdites Lettres Patentes & les Articles des Statuts ci-attachez , feront regiftrez és Regiftres de notre Cour , pour être executez felon leur forme & teneur , & joüir par les Impétrans de l'effet d'icelles , fans qu'on puiffe induire de l'article dix-neuf , que les Marchandifes qui paffent debout , foient fujettes à aucuns droits , foit pour vifite , frais de Bureau , Magafinage , droits de Concierge , ou fous quelque autre prétexte que ce puiffe eftre , Copie de Requefte préfentée en notre Cour le vingt-uniéme dudit mois , par les Maîtres & Gardes de l'état de Marchands Mercier Grossiers de ladite Ville de Roüen, tendante à ce qu'il plût à notre Cour leur accorder Acte de ce qu'ils s'opofent pour leur fait & regard à l'enregiftrement defdits Statuts des Bonnetiers, même à l'Arreft qui auroit pû en ordonner l'enregiftrement, ce faifant ordonner qu'ils leur feront communiquez pour enfuite être par eux pris telles conclufions qu'il apartiendra. Arreft de notre Confeil d'Etat du onziéme jour de Janvier 1735. rendu entre lefdits Marchands Merciers & lefdits Maiftres Marchands Bonnetiers fur ladite opofition, par lequel nous avons ordonné que les Articles dix-fept, dix-huit & vingt des Marchands Bonnetiers de Roüen, feront executez felon leur forme & teneur ; & cependant ayant égard à la Requefte des Marchands Merciers-Drapiers de ladite Ville, leur permet de vendre des Bas & autres Ouvrages de Bonneterie par fixains entiers & fous corde, les déboute du furplus de leur demande, nos Lettres Patentes données à Verfailles le vingt-fix dudit mois, fignée par Nous Chauvelin. Arreft de notre Cour rendu la Grande Chambre affemblée le huitiéme jour de Mars audit an, qui ordonne que lefdites Lettres Patentes fur Arreft de notre Confeil, feront Regiftrez ès Regiftres de notre Cour, pour être executées felon leur forme & teneur, & & jouïr par les Impétrans de l'effet d'icelles. *Vidimus* de Lettres Patentes du mois de Juin 1694. portant Confirmation des Statuts de la Communauté des Ouvriers en Bas. Imprimé d'Arreft de notre Confeil d'Etat du vingt-deuxiéme jour de Décembre 1696. pour l'enregiftrement & execution des Statuts pour la Communauté des Ouvriers en Bas. *Vidimus* de Statuts & Réglemens faits par la Communauté des Ouvriers en Bas du vingt-neuviéme jour de Décembre 1692. *Vidimus* de Sentence renduë au Siège du Bailliage de Roüen le premier Décembre 1693. qui ordonne l'enregiftrement defdits Statuts & Réglemens ci-deffus. *Vidimus* de Lettres Patentes du dix-huitiéme jour de Janvier 1697. portant confirmation des Statuts de faifeurs de Bas au Métier. *Vidimus* d'Arreft de notre Confeil d'Etat du trente de Mars 1700. portant Réglement pour les Maiftres Ouvriers & faifeurs de Bas au Métier & autres Ouvrages. *Vidimus* d'Arreft de notre Confeil du vingt fixiéme jour de Décembre 1711. rendu entre les Maiftres Marchands Bonnetiers & les Ouvriers en Bas. *Vidimus* de Lettres Patentes du dix-neuf de Mars 1712. pour la Communauté des Marchands Bonnetiers. Sentence renduë au Siége du Bailliage de Roüen le dix de Septembre 1712. entre lefdits Maiftres & Gardes Bonnetiers, & Pierre Néel faifeur de Bas au Métier. Autre Sentence renduë au Siége de Police de Roüen le douze de Mars 1718, entre lefdits Maiftres & Gardes Bonnetiers & Jean le Clerc faiſeur de Bas. Autre Sentence renduë audit Siége de la Police le quinze dudit mois & an entre leſdits Maiſtres & Gardes Bonnetiers , & les ſieurs le Blanc faiſeur de Bas au Métier. Autre Sentence renduë audit Siége de Police le dix-huitiéme jour d'Avril 1733. entre les Maiſtres faiſeurs de Bas au Métier & leſdits Maîtres Marchands Bonnetiers, & des Marchands forains. Arreſt de notre Cour du cinq Février 1734. rendu entre leſdits Maiſtres & Gardes du Métier faiſeurs de Bas, & leſdits Marchands Bonnetiers ſur l'appel que leſdits faiſeurs de Bas avoient interjetté de ladite Sentence du dix-huit Avril, par lequel notre Cour a mis l'apellation au néant, ſignifié à Procureur le ſix. Exploit de ſignification d'icelui du quinze dudit mois. Requeſte deſdits Maîtres & Gardes Marchands Bonnetiers auſdits Maiſtres & Gardes faiſeurs de Bas, contrôlé à Roüen le ſeize. Copie d'Exploit du vingt-ſix de Mars audit an. Requeſte deſdits Maiſtres & Gardes faiſeurs de Bas, portant ſommation auſdits Maiſtres & Gardes Bonnetiers de recevoir les dépens à eux ajugez par ledit Arreſt. *Vidimus* des Statuts , Réglemens des Maîtres Ouvriers en Bas du vingt-neuf Décembre 1692. *Vidimus* de Sentence renduë au Siége du Bailliage de Roüen du premier Décembre 1696. qui ordonne l'enregiſtrement deſdits Statuts & Réglemens. *Vidimus* de Lettres Patentes obtenuës par leſdits Maîtres de la Communauté des Ouvriers en Bas , pour la confirmation de leurs Statuts du mois de Juin 1694. *Vidimus* d'Arreſt de notre Conſeil du vingt-deux Décembre 1696. obtenu par leſdits Maiſtres Ouvriers en Bas pour l'enregiſtrement & éxécution de leurs Statuts. *Vidimus* de Lettres Patentes obtenuës le dix-huitiéme jour de Janvier 1697. par leſdits Maîtres Ouvriers en Bas pour la confirmation de leurs Statuts , *Vidimus* d'Arreſt de notre Conſeil du trente Mars 1700. portant Réglement par les Maîtres Ouvriers & faiſeurs de Bas au Métier. *Vidimus* de Statuts , Ordonnances & Réglemens du deux de Mars 1694. qui doivent être gardez & obſervez par les Maîtres Marchands & Ouvriers du Métier de faiſeurs de Bas. *Vidimus* Arreſt du Parlement de Paris du premier Février audit an , qui ordonne l'enregiſtrement deſdits Statuts. *Vidimus* d'Arreſt du Parlement de Paris du huit Aouſt 1696. rendu entre les Maîtres Marchands Ouvriers de Bas de la Ville d'Orleans & les Maîtres Marchands Bonnetiers de ladite Ville. *Vidimus* de Sentence ren, duë au Siége du Bailliage de Roüen le dix-ſept Octobre 1695. entre leſdits Maîtres & Gardes Bonnetiers & Jean Brunet. Copie d'Arreſt de notre Cour du Parlement de Roüen du onze May 1699. rendu entre leſdits Maîtres Bonnetiers & les faiſeurs de Bas. Requête preſentée au Lieutenant de Police de Roüen le quatre de Février 1711 par leſdits Maîtres Ouvriers de Bas , aux fins d'étre autorifez de faire faifir & aprocher dans les Boutiques des Bonnetiers tous les Ouvrages au Métier. Sadite Requefte dûë-ment foufcrite d'Ordonnance. Sentence renduë audit Siége de Po-lice de Roüen le fept dudit mois, entre lefdits Maîtres faifeurs de Bas au Métier, & David Auber Marchand Bonnetier, au fujet de Bas qui auroient été faifis fur ledit Auber. Copie d'Arreft de no-tre Confeil du vingt-fix Décembre 1711. rendu entre lefdits Maî-tres Bonnetiers & les Manufacturiers au Métier, qui ordonné l'execution du Réglement du trente de Mars 1700. Sentence ren-duë au Siége de la Police de Roüen le feiziéme jour de Mars 1718. entre lefdits Maîtres Manufacturiers d'Ouvrages au Métier, & le fieur le Febvre Bonnetier, au fujet de faifie de paires de Bas non marquez, par laquelle il eft dit : à bonne Caufe l'aproche-ment, avec dépens, & ledit le Febvre condamné en vingt fols d'amende, accord fait le dix-fept dudit mois, entre ledit fieur le Febvre Bonnetier & lefdits Maîtres Manufacturiers au Métier, Copie collationnée du Procès verbal de Vente defdites Marchan-difes faifies du trente dudit mois. *Vidimus* d'Edit du mois de Mars 1708. Portant création d'Offices, Infpecteurs & Marqueurs de Bas, & autres Ouvrages au Métier. *Vidimus* d'Arreft de notre Confeil, du onziéme jour de Septembre 1708. qui ordonne la confifcation de tous les Bas & autres Ouvrages au Métier, fans le plomb & la marque. Autre *Vidimus* d'Arreft de notre Confeil, du trente Avril 1709. qui ordonne que les fabriquans de Bas & autres Ouvrages au Métier, marqueront eux-mêmes leurs Ou-vrages. Autre *Vidimus* d'Arreft de notre Confeil, du premier d'A-vril 1710. qui ordonne que l'Edit de création du mois de Mars 1708. des Infpecteurs, Marqueurs, Vifiteurs, fera exécuté. Autre *Vidimus* d'Arreft de notre Confeil, du vingt-neuf de Juillet audit an, qui ordonne que le quinze Août en fuivant paffé, tous les Bas & autres Ouvrages au Métier qui fe trouveront fans plomb de la nouvelle marque, feront confifquez. Autre *Vidimus* d'Ar-reft de notre Confeil, du premier Août 1713. qui ordonne en-tr'autres, que toutes les Marchandifes & Ouvrages au Métier ap-portez par Voituriers, feront portez directement à la Doüanne. Autre *Vidimus* d'Arreft de notre Confeil, du huit de Janvier 1716. portant établiffement d'un Commis au Bureau de la Doüan-ne. *Vidimus* de Requête prefentée au Sieur Commiffaire départi de la Généralité de Roüen, par le Sieur le Cheron Infpecteur des Manufactures, au Bureau de la Halle de Roüen, enfuite eft l'Or-donnance dudit Sieur Commiffaire départi, du vingt-quatre de Novembre 1714. *Vidimus* d'Arreft de notre Confeil, du dix-neuf Décembre 1716. concernant les Maîtres Ouvriers & faifeurs de Bas au Métier. Autre *Vidimus* d'Arreft de notre Confeil, du

vingt Novembre 1717. qui ordonne que toutes les Marchandifes
de Bonneterie feront envoyées au Bureau général de la Doüane,
à Paris, pour y être vifitées. *Vidimus* de notre Déclàration du
dix-huit de Février 1720. concernant les Marchands fabriquans
des Ouvrages de Bas au Métier. *Vidimus* d'Arreſt de notre Confeil, du vingt-huit Août 1721. concernant l'entrée des Marchandifes de Bonneterie, foit au métier, foit à l'éguille. *Vidimus* d'Arreſt de notre Confeil, du fixiéme de Septembre 1723. concernant
la fabrique des Bas & autres Ouvrages au Métier, Copie collationnée, de Requeſte prefentée le quinze Novembre 1723. audit
Sieur Commiſſaire départi en la Généralité de Roüen, par les
Maiſtres & Gardes de la Communauté des fabriquans de Bas &
autres Ouvrages au Métier, au pied de laquelle eſt l'Ordonnance
dudit Sieur Commiſſaire. Copie par Extrait des Statuts defdits
Maiſtres Bonnetiers, en tant que des articles dix-fept, dix-huit,
vingt & vingt-neuf. Enfuite eſt Copie de l'Exploit de fignification
qui en a été faite à leur Requeſte, le douze de Mars 1735. aufdits Maiſtres & Gardes fabriquans, faifeurs de Bas au Métier,
à ce qu'ils ayent à fe conformer aufdits Articles. Copie d'Exploit
du dix-fept dudit mois, contenant Procès verbal de vifite faite.
Requeſte defdits Maiſtres & Gardes Bonnetiers en leur Bureau
de Bas au Métier, fuivant la Sommation qu'ils en avoient faite
au Sieur le Roy, Juré fabriquant dudit Métier. Requête prefentée
en notre Cour le dix-huit dudit mois, par ladite Communauté des
Maiſtres & Gardes faifeurs de Bas au Métier, tendante à ce qu'il
plût à notre Cour, les recevoir oppofans à l'exécution de l'Arreſt de notre Cour, du vingt de May mil fept cens trente-quatre, & en tant que de befoin, à l'éxécution de l'Arreſt
du huit de Mars 1735. en ce qui peut les concerner & préjudicier, les recevoir pareillement oppofans aux articles dix-fept, dix-
huit & vingt, des nouveaux Statuts defdits Maîtres Bonnetiers
au tricot, en tant que les difpofitions qui concernent leur métier, fauf à eux à extendre leur oppofition fur autres articles defdits Statuts, quand ils en auront eu communication ; Et aux fins
de faire droit fur ladite oppofition, ordonner que les Parties en
viendront, pour voir dire que lefdits Arreſts, en ce qui les concernent, feront rapportez, comme furpris ; & lefdits articles dix-
fept, dix-huit & vingt des Statuts defdits Bonnetiers, réformez ;
& lefdits Bonnetiers condamnez de fe renfermer dans ce qui eſt de
la dépendance de leur métier, fans rien entreprendre fur celui de
ladite Communauté des Maiſtres & Gardes faifeurs de Bas, avec
dépens. Ladite Requête foufcrite d'Ordonnance, viennent les
Parties fignifier le dix-neuf dudit mois un Livre relié en Veau,
contenant plufieurs Lettres Patentes, Arreſts de notre Confeil
d'Etat

d'Etat , Sentence de Police , & Réglemens au sujet de la Manufacture des Bas au Métier , & Manufacture des Bas de Soye , & autres Ouvrages au Métier. Ecrit de Moyens d'opposition fourni en
notre Cour , par lesdits Maîtres & Gardes de la Manufacture de
Bas au Métier , signifié le vingt-un de Juin audit an , par lequel
ils ont conclu ; à ce qu'il plût à notre Cour , ordonner que lesdits
Arrests des vingt de May 1734. & huit de Mars 1735. qui ont omo-
logué en notre Cour les nouveaux Statuts des Bonnetiers , seront
en ce qui concerne les Manufacturiers de Bas au Métier raportez ,
comme surpris , faisant droit sur leur opposition , contre l'article
dix-sept desdits nouveaux Statuts , ordonner qu'il sera supprimé ;
ce faisant , que lesdites Manufacturiers au Métier seront mainte-
nuës dans le droit du Bureau , soit pour l'application de la marque , soit pour la visite des Ouvrages au Métier , venant des Manufactures du Royaume seulement ; & qu'au surplus , les Ouvrages au Métier de l'Etranger , seront deffendus & confisquez avec
amende , au cas qu'il en soit trouvé , laquelle confiscation sera
poursuivie par les Manufacturiers au Métier , comme étant contraire à l'augmentation de leur Manufacture ; faisant droit sur
l'opposition contre l'article dix-huit desdits Statuts , ordonner que
la premiere disposition dudit article sera supprimé , ce faisant , que
les Manufacturiers au Métier seront maintenus & conservez
dans le droit de visite des Ouvrages au Métier dans leur Bureau ;
conformément à l'Edit de 1708. enregistré en notre Cour , & aux
Arrests intervenus en conséquence ; que deffenses seront faites aux
Bonnetiers , Tricoteurs , de s'attribuer directement ni indirectement la visite desdits Ouvrages au Métier , faisant droit sur l'opposition , contre l'article dix-neuf & vingt desdits Statuts , ordonner la supression de la deuxiéme disposition de l'article dix-
huit , ainsi que dudit article dix-neuf , comme contraire aux Statuts & Arrêts , tant de notre Conseil , que du Parlement , rendus
en faveur des Manufacturiers au Métier , comme contraire aux
Statuts & Arrêts , tant du Conseil , que du Parlement , rendus
en faveur des Manufacturiers au Métier , comme contraire pareillement à d'autres Arrêts du Parlement , qui deffendent d'é-
xiger aucuns droits pour le droit de visite , ce faisant , que les
Manufacturiers au Métier , seront maintenus dans la liberté de
vendre les Ouvrages fabriquez par les Maîtres de la Manufacture
au Métier , marquez de la marque desdits Maîtres , qu'ils seront
pareillement maintenus dans le droit de visite & de Bureau , ainsi
qu'il y ont déja conclu , sans exiger aucune chose , conformément aux Loix , soit pour ladite visite , Bureau , ou frais de Magazinage , & condamner lesdits Maîtres Bonnetiers aux dépens ;
Ecrit de Réponse imprimé , fourni par lesdits Maîtres & Gardes

Marchands Bonnetiers, fignifié le vingt-fix de Septembre audit an, par lequel ils ont conclu : à ce qu'il plût à notre Cour, déclarer les faifeurs de Bas au Métier, non-recevables, ou en tout cas, mal fondez dans leur oppofition, & les condamner en mil livres d'intérêt d'indüe vexation, & aux dépens : Requête imprimée, préfentée en notre Cour, par lefdits Maiftres & Gardes de la Manufacture de Bas au Métier, le vingt-trois de Décembre audit an, tendante à ce qu'il plût à notre Cour recevoir ladite Requête au jugement du Procès, & leur accorder les Conclufions qu'ils ont prifes par leurs moyens d'oppofition ; & au furplus, debouter lefdits Bonnetiers-Tricoteurs des intérêts d'indüe vexation, aufquels ils ont conclu avec dépens foufcrits d'Ordonnance, foit fignifié à Partie, fignifié ledit jour, Requête préfentée en notre Cour le treize de Janvier 1736. par lefdits Maiftres & Gardes Marchands Bonnetiers, tendante, à ce qu'il plût à notre Cour, recevoir au jugement du Procès ladite Requefte & les Piéces y attachées, & aux inductions qui en ont été tirées, & y ayant égard, leur adjuger les Conclufions par eux prifes foufcrites d'Ordonnance, foient les Requêtes & Piéces communiquées à Partie, pour y fournir de contredits dans le tems de l'Ordonnance fignifiée ledit jour, avec Sommation de prendre communication de ladite Requête & Piéces par les mains du Sieur Confeiller-Rapporteur, lefquelles Piéces font Contract paffé devant les Tabellions de Roüen, le vingt-fix de Novembre 1489. de vente faite par Jacques le Petit, aux Maiftres-Gardes Ouvriers du Métier de Bonnetier de ladite Ville de Roüen & Banlieuë, d'un ténement de Maifon fcituée en ladite Ville de Roüen, Paroiffe de Saint Denis, pour fervir de Bureau aux Marchands de Bonneterie, aux fins d'y exercer leur vifite : *Vidimus* d'Arreft de notre Cour, du dix-neuf de Février 1715. portant Réglement pour l'Election des Prieur Juges-Confuls & Procureur Syndic de la Jurifdiction Confulaire de Roüen. Autre *Vidimus* d'Arreft de notre Confeil d'Etat, en interprétation de celui du trente de Mars 1700. du dix-fept de May 1701. portant Réglement pour la fabrique des Bas & autres Ouvrages au Métier. Autre *Vidimus* d'Arreft de notre Confeil d'Etat, du cinq Août 1719. qui défunit la Communauté des Chapeliers de Roüen, d'avec celle des Bonnetiers de ladite Ville, pour faire à l'avenir deux Corps diftincts & féparez, & indépendant l'un de l'autre. Arreft de notre Confeil d'Eftat du vingt-fixiéme jour de Décembre 1711. par lequel entr'autres chofes, il eft fait défenfes aux faifeurs de Bas au Métier, de vendre ni expofer en vente d'autres Ouvrages que ceux qu'ils fabriquent, & font fabriquer par leurs Ouvriers ou Compagnons : *Pareatis* du grand fceau pour l'éxecution dudit Arreft dudit jour. Lettres

Patentes obtenuës fur ledit Arreſt donné à Verſailles , le dix-neuf
de Mars 1712. *Signés* , L O U I S : *Et plus bas* , par le Roy ,
P H E L Y P E A U X. Extrait d'Arreſt de notre Cour du quatorze
Avril audit an , obtenu par la Communauté des Maiſtres Marchands Bonnetiers-Chapeliers de ladite Ville de Roüen , par lequel notre Cour , la Grand'-Chambre aſſemblée , ordonne que leſdites Lettres Patentes ſeront regiſtrées és Regiſtres de notredite
Cour , pour être exécutées ſelon leur forme & teneur , & joüir
par eux de l'effet d'icelles. Mémoire imprimé pour les Maiſtres
& Gardes de la Manufacture des Bas & autres Ouvrages au Métier
de ladite Ville de Roüen , contre les Maiſtres & Gardes du Métier
de Bonneterie au Tricot ou à l'Eguille de ladite Ville. Requeſte
preſentée en notre Cour par leſdits Maiſtres-Gardes & Communauté des Marchands Bonnetiers , le vingt-troiſiéme jour de Janvier 1736. tendante , à ce qu'il plût à notre Cour , leur accorder
Acte de leur demande incidente qu'ils ont formée par icelle , &
y faiſant droit , les maintenir dans la qualité de Marchands Bonnetiers de ladite Ville , Fauxbourgs & Banlieuë de Roüen : Faire
deffenſe aux Maiſtres faiſeurs de Bas au Métier de leur en donner
d'autres , & les condamner en tels intereſts que notre Cour trouvera à propos , apliquables de leur conſentement , aux Bureaux des
Pauvres de ladite Ville ; à laquelle fin , il plaira à notre Cour,
prononcer l'Apointé en droit , & joint au Procès principal apointé & diſtribué au Sieur Guenet de Saint Juſt , ſouſcrit d'Ordonnance , viennent les Parties ſignifiées ledit jour : Autre Requeſte
preſentée en notre Cour , par leſdits Marchands Bonnetiers , le
vingt-ſept dudit mois , tendante , à ce qu'il plût à notre Cour ,
leur accorder Acte de la demande qu'ils ont formée & qu'ils for-
ment par ladite Requête , pour faire condamner leſdits faiſeurs
de Bas au Métier en mil livres d'intérêt d'indüë vexation , apli-
quable , de leur conſentement , aux deux Hôpitaux de ladite Ville , & pour y être fait droit , apointé les Parties en droit , & joint
à l'apointé principal , pour y être ſtatué par un ſeul & même Arreſt ſouſcrit d'Ordonnance , viennent les Parties , ſignifié le trente dudit mois , avec Sommation d'Audience , Inventaire de production des Piéces deſdits Maîtres Marchands Bonnetiers , ſignifié le quatre de Février audit an : Autre Requête preſentée en notre Cour , le ſept de Mars audit an , par leſdits Maîtres & Gardes de la Manufacture de Bas au Métier , tendante , à ce qu'il
plût à notre Cour recevoir & joindre au jugement du Procès , ladite Requête pour valoir de conteſtation aux différentes Requêtes deſdits Bonnetiers Tricoteurs ; ce faiſant , ſans s'arrêter aux
différentes demandes incidentes y contenuës , dont ils ſeront deboutez , leur accorder Acte de ce qu'ils perſiſtent aux Conclu-

fions par eux prifes par leurs moyens d'oppofition ; & au furplus, leur accorder Acte de leur oppofition incidente, contre les Arrefts qui ont enregiftré les nouveaux Statuts des Bonnetiers, en tant que la qualité de Marchands qu'ils y ont mal-à-propos prife, ainfi que de ce qui eft contenu en l'article dix-neuf defdits Statuts ; ce faifant, ordonner que ladite qualité de Marchands fera fupprimée defdits Statuts, & que ledit Article dix-neuf en fera auffi fupprimé, comme contraire aux Manufacturiers, au Métier, & au Public, & condamner lefdits Bonnetiers-Tricoteurs en tous les dépens foufcrits d'Ordonnance, viennent les Parties fignifier le feize dudit mois, avec Sommation d'Audience, Inventaire de production des Piéces defdits Maîtres & Gardes de la Manufacture de Bas au Métier, fignifié le vingt-deux dudit mois de Mars. Requête prefentée en notre Cour le dix-neuf dudit mois, par lefdits Maîtres & Gardes de la Manufacture de Bas au Métier, tendante, à ce qu'il plût à notre Cour recevoir ladite Requefte & les deux Piéces y attachées, & les joindre au Jugement du Procès, defquelles Piéces ils ont tiré des inductions par leurs écritures, pour y avoir égard en jugeant, & leur accorder les Conclufions qu'ils ont prifes au Procès, foufcrites d'Ordonnance, ait Acte, foit la Requête & Piéces communiquées à Parties, pour y fournir de contredit dans le délai de l'Ordonnance, foit fignifié & joint, fignifiée ledit jour, avec Sommation de prendre communication de ladite Requête & Piéces, par les mains du Sieur Confeiller-Rapporteur, lefquelles Piéces font : *Vidimus* d'Arreft de notre Cour, du vingt-quatre de Juillet 1647. portant enregiftrement des Lettres de Confirmation des Statuts & Priviléges des Marchands Merciers-Groffiers-Jouailliers, avec l'enterrinement de la Requefte civile du feiziéme jour d'Août 1646. Autre *Vidimus* d'Arreft de notre Cour, du vingt de Décembre 1719. qui fait deffenfe aux Etaimiers de vifiter les Marchandifes venant pour le compte des Marchands Merciers, d'éxiger aucuns droits, ni prendre aucun échantillon d'Etain & de Plomb, pour en faire l'effay, que lorfqu'ils en feront requis, & généralement tout ce que lefdites Parties ont clos, mis écrit, & produit par devers notre Cour, les Conclufions de notre Procureur Général ; Et Oüi le Rapport du Sieur Guenet de Saint Juft, Confeiller-Commiffaire : TOUT CONSIDERE. NOTREDITE COUR, par fon Jugement & Arreft, fans avoir égard à la Requefte des Maîtres faifeurs de Bas & autres Ouvrages au Métier, du fept de Mars dernier, dont ils font déboutez ; faifant droit fur celle defdits Maîtres Marchands Bonnetiers, du vingt-trois Janvier dernier, les a maintenus & gardez dans la qualité de Marchands Bonnetiers de ladite Ville, Fauxbourgs & Banlieuë, a debouté lefdits Maîtres faifeurs

de Bas & autres Ouvrages au Métier, des oppofitions par eux
formées; ce faifant, a ordonné que lefdits Arrefts de notre Cour,
des vingt May mil fept cens trente-quatre, & huit Mars mil fept
cens trente-cinq, enfemble les Articles dix-fept, dix-huit, dix-
neuf & vingt des Statuts defdits Marchands Bonnetiers, feront
éxécutez felon leur forme & teneur, & fur la Requête incidente
defdits Marchands Bonnetiers, du vingt-fept Janvier dernier, &
autres demandes & Conclufions des Parties, a mis icelles hors
de Cour, a condamné lefdits Maîtres faifeurs de Bas & autres
Ouvrages au Métier, aux dépens, vacations, extraordinaire
Rapport & coût dû prefent Arreft : Si donnons en Mandement
au premier des Huiffiers de notredite Cour de Parlement, ou autre notre Huiffier ou Sergent fur ce Requis, mettre le prefent
Arreft a dûe & entiere éxécution, felon fa forme & teneur, de
la part defdits Maîtres Marchands Bonnetiers, de ce faire, re donnons pouvoir. DONNÉ à Roüen en notredite Cour de Parlement, le onziéme jour de May l'an de Grace, mil fept cens
trente-fix, & de notre Régne le vingt-uniéme, *(collationné,*
Signé, HEUZE; Par la Cour, *Signé*, LE FEBVRE.

Le dix-fept de May 1736. fignifié & baillé Copie à Guillaume
Lavenu Procureur à Partie, parlant à fon Clerc, *Signé* LIMARE.

Jacques-Michel Moriffet, Huiffier du Roy en fa Chancellerie du
Parlement de Roüen, y demeurant ruë & Paroiffe de S. Lo, fouffigné, le dix-fept jour de May 1736. à la Requête des Maîtres &
Gardes de l'état de Marchands Bonnetier de la Ville & Banlieuë
de Roüen, ftipulés & reprefentés par le Sieur le Hoüé, un d'i-
ceux demeurant ruë du Change, Paroiffe de S. Etienne la grande
Eglife, le contenu au prefent bien & dûement fignifié, & d'icelui délivré Copie, avec autant du prefent Exploit, aux Maîtres
& Gardes faifeurs de Bas au Métier de la Ville & Banlieuë de
Roüen, au domicile du Sieur Dran, un d'iceux demeurant ruë
aux Juifs, Paroiffe de S. Lo, chargé le faire fçavoir à fadite Communauté, en parlant à la Demoifelle fon Epoufe, & domicile
après-midi, & depuis à fa perfonne deux heures & demie, à ce
que du contenu audit Arreft, ils n'en ignore, dont Acte.
                                    Signé, MORISSET.

Controlé à Roüen le 18 *May* 1736.   *Signé*, LHOMME.

Ledit Arrêt a été regiftré és Regiftres du Greffe de Police de la Ville de Roüen,
pour être éxécuté felon fa forme & teneur, & joüir par les Impétrans de l'effet &
contenu d'icelui, fuivant la Sentence de Monfieur le Lieutenant Général de Police, du qua-
triéme Juillet 1736. Signé, LERNAULT.

SENTENCE D'ENREGISTREMENT

De Monsieur le Lieutenant Général de Police du Bailliage de Roüen.

Du 4 Juillet 1736.

L'AN de Grace mil sept cens trente-six, le Mercredy quatriéme jour de Juillet, devant Nous Pierre Alexandre le Paige, Chevalier Seigneur du Porpinché, Conseiller du Roy, Lieutenant particulier au Bailliage & Siége Présidial de Roüen. SUR la Requête presentée par les Maîtres & Gardes année presente, de l'état de Marchands Bonnetiers en cette Ville, Fauxbourgs & Banlicuë, expositive que pour le bon ordre de leur Communauté, ils ont obtenu differens Arrêts du Conseil rendus contradictoirement entr'eux, les Maîtres faiseurs de Bas & autres Ouvrages au Métier, & les Maîtres Marchands Merciers-Drapiers unis de cettedite Ville, qu'ils avoient même obtenu de Sa Majesté des Statuts homologuez par Arrest du Conseil & Lettres Patentes rendües en conséquence, & depuis Arrêt du Conseil contre lesdits Merciers & du Parlement de Roüen, contre lesdits Maîtres faiseurs de Bas & autres Ouvrages au Métier, tous lesquels Arrests du Conseil & du Parlement, lesdits demandeurs desiroient faire regiftrer en notre Greffe pour le tout être executé selon sa forme & teneur, lesquels enregistremens consistoient aux anciens Statuts de leur Communauté. Arrest du Conseil portant Réglement entr'eux & lesdits Maîtres faiseurs de Bas au Métier du vingt-six Décembre mil sept cens onze, le Pareatis fur icelui dudit jour. Lettres Patentes rendües en conséquence le dix-neuf Mars mil sept cens douze. L'Arrest du Parlement portant l'enregistrement desdits Arrêts & Lettres Patentes du quatorze Avril audit an mil sept cens douze. L'Arrest du Conseil rendu contradictoirement entr'eux & lesdits Marchands Merciers, qui fait défenses entr'autres ausdits Marchands Merciers de prétendre sous quelque prétexte que ce soit, joüir des Statuts accordez aux Marchands Merciers de Paris, autorisez par Lettres Patentes du mois de Janvier mil six cens treize, ni qu'ils soient communes avec eux. Ledit Arrêt du trente Mars mil sept cens trente-quatre, les Articles des Statuts nouveaux portez presentez par lesdits demandeurs, Les Lettres de Confirmation

d'iceux données à Versailles au mois de May mil sept cens trente-quatre. L'Arrêt du Parlement d'enregistrement desdits Statuts
& Lettres Patentes du vingt May mil sept cens trente-quatre.
L'Arrêt du Conseil rendu contradictoirement entr'eux & lesdits
marchands merciers en datte du onze Janvier mil sept cens trente-cinq, qui ordonne que les Statuts desdits demandeurs seront
executez, & permet ausdits merciers de vendre des Bas & autres
Ouvrages de Bonneteries par sixains entiers & sous cordes Lettres Patentes renduës en consequence le vingt-six dudit mois.
L'Arrest du Parlement d'enregistrement dudit Arrest du Conseil;
& Lettres Patentes du huit Mars mil sept cens trente-cinq. Et
autre Arrest du Parlement rendu entre les Marchands Bonnetiers sur l'opposition formée à leurs Statuts par lesdits Maîtres-
faiseurs de Bas au Métier, en datte du onze May mil sept cens
trente-six, qui déboute lesdits faiseurs de Bas au Métier de leur
opposition ausdits Statuts, & leur maintient dans la qualité de
Marchands Bonnetiers : Pour parvenir ausquels enregistremens,
ils auroient été conseillez de nous presenter leurdite Requête, à ce
qu'il nous plût, vû lesdits Arrêts du Conseil, Statuts, Lettres
Patentes & Arrest, cy-devant dattez, ordonne que le tout seroit
registré ès Registres du Gréfe de ce Siége, pour y avoir recours,
& être exécutez selon leur forme & teneur, aux peines portées par
iceux : Vû ladite Requête signée desdits Maîtres & Gardes Marchands Bonnetiers, & de Maître Marin le Houé leur Procureur,
notre Ordonnance d'être icelle, & le tout communiqué au Procureur du Roy : Conclusions du Procureur étant ensuite lesdits
Arrest du Conseil, Statuts, Lettres Patentes & Arrest, le tout en
dattes des vingt-six Décembre mil sept cens onze, dix-neuf Mars,
quatorze Avril mil sept cens douze, trente Mars, mois de May, &
vingt d'icelui mil sept cens trente-quatre, onze Janvier, vingt-six
dudit, huit Mars, onze May mil sept cens trente-six, trente Juin,
& trois de ce mois, dont du tout lecture faite : IL EST DIT,
du consentement du Procureur du Roy, que lesdits Arrêts du
Conseil, Statuts, Lettres Patentes, & Arrest du Parlement, cy-
devant mentionnés & accordés à ladite Communauté de l'état
de Marchand Bonnetier de cettedite Ville, Fauxbourgs, & Banlieuë de Roüen, registrées sur le Registre du Greffe de Police, pour
être exécutées suivant leur forme & teneur, & de joüir par leur
impétrance de l'éfet & contenu d'iceux, suivant & aux termes des
Arrests du vingt May mil sept cens trente-cinq, & huit Mars
mil sept cens trente-six, à laquelle fin presentée, délivrée, ausdits Maîtres & Gardes dudit état de Marchand Bonnetier, de leur
requisition pour valloir & servir à leurdite Communauté de Marchand Bonnetier, ainsi qu'il appartiendra, donné comme dessus,

Signé, LE PAIGE.　　　　　LERNAULT.

ARREST
DU CONSEIL D'ESTAT
DU ROY,

Portant Réglement pour les Bas de Laines & autres Ouvrages drapez au Métier.

Du 12. Juillet 1717.

EXTRAIT DES REGISTRES DU CONSEIL D'ETAT.

VEU au Conseil du Roy les Mémoires presentez à Sa Majesté, au sujet des Bas au Métier qui se fabriquent à Orleans, renvoyez au Sieur de Bouville Intendant d'Orleans, pour entendre les Parties sur leurs dires & contestations, & sur le tout donner son avis ; Procés verbal dressé par le Subdélegué dudit Sr de Bouville, le 14 Février 1716. contenant les comparutions, dires & requisitions desdites Parties interressées, ledit Procés verbal renvoyé audit Sr. de Bouville, son avis envoyé au Conseil le 29. dudit mois ; le tout communiqué aux Deputez au Conseil de Commerce & à l'Inspecteur des Draps de la Géneralité d'Orleans ; sa Reponse ; la Requeste présentée à Sa Majesté par la Communauté des Marchands fabriquans en Bas & autres Ouvrages au Métier de la Ville d'Orleans, tendante à cé que pour les causes y contenuës, en attendant la réformation de l'Article X. de l'Arrest du Conseil du 30. Mars 1700. il plût à Sa Majesté leur accorder la permission de vendre & débiter leurs Marchandises, ce faisant, ordonner la réformation dudit Article X. de l'Arrest du Conseil 30. Mars 1700. Et que les Statuts de ladite Communauté seront exécutez selon leur forme & teneur ; Vû aussi lesdits Statuts imprimez de l'Arrest du Conseil du 30. Mars 1700. portant Article X. que les Laines tant d'Estain dont se font les Bas & autres Ouvrages d'Estame, que de Trême dont se font les Ou-

vrages

vrages drapez, les Fils, Cottons ou Castors préparez pour lesdits Ouvrages, ne pourront être employez sur les Métiers en moins de trois fils. Et ne pourront les Maîtres & Ouvriers dudit Métier employer ni faire employer aucuns fils d'Estame ou d'Estain tiré au feu parmi les trois fils de Trême dont doivent être composez les Bas & autres Ouvrages drapez, mais seulement du fil de Trême dont la Laine aura été bien & dûëment cardée sans mélange ; Délibération de la Communauté des Maîtres fabriquans de Bas au Métier de la Ville de Paris du 7. Décembre 1716. par laquelle ils estiment que les Bas drapez doivent être fabriquez en trois fils : Statuts & Reglemens des Maîtres Ouvriers en Bas & autres Ouvrages de Soye, Fil, Cotton & Laine de la Ville de Caën ; Requête presentée au Conseil par les Maîtres fabriquans de Bas & autres Ouvrages au Métier de la Ville de Caën, aux fins d'être maintenus dans le droit de fabriquer des Bas à deux fils ; Memoire desdits fabriquans de la Ville de Caën, à mêmes fins ; avis du Sr Guynet Maître des Requêtes, Intendant de la Généralité de Caën, par lequel & pour les raisons y contenuës, il estime que sans conséquence il y auroit lieu de permettre aux fabriquans de ladite Ville de Caën de continuer la fabrication des Bas à deux fils ; Memoire concernant la fabrique des Ouvrages au Métier de la Ville de Sedan, pour la fabrication des Bas à deux fils ; Autre Requête presentée au Roy par les Marchands fabriquans en Bas & autres Ouvrages au Métier de la Ville de Bourges, tendante à ce que pour les causes y contenuës, il leur fût permis de continuer à travailler les Ouvrages en deux fils, tant sur les Métiers du Jauge vingt-deux que celui de seize, ainsi qu'ils avoient fait jusqu'à présent. Et à cet effet interpréter en tant que besoin l'Article X. de l'Arrest du Conseil du 30. Mars 1700. en ce qu'il ordonne que les Bas au Métier drapez seront employez à trois fils ; Ordonner à cet égard que ceux faits & fabriquez en la Ville de Bourges, n'étant que de deux fils, ne pourront être saisis ni confisquez, lorsque d'ailleurs ils se trouveront de bonnes qualitez, bien façonnez & conditionnez ; l'Avis donné sur ladite Requête par le Sr Foullé de Martangis Maître des Requêtes, Intendant à Bourges, le tout communiqué aux Srs Députez au Conseil du Commerce ; Leur reponse des 6. May 1717. dire de l'Inspecteur des Manufactures de Berry. Et autres Piéces. Le tout remis. Oüy le Raport, LE ROY ESTANT EN SON CONSEIL, de l'avis de Monsieur le Duc d'Orleans Régent, a ordonné & ordonne ce qui ensuit.

ARTICLE PREMIER.

LES Bas, Galçons & Camisolles drapez & fabriquez au Métier, soit blancs, soit couleur mélez, pourront être faits à deux

M

brins de Trême, & cependant trois ans à compter du jour de la datte du prefent Arreft, en y employant des Laines originaires du Royaume & non autres.

I I.

Les Laines originaires du Royaume qui feront employées dans lefdits Ouvrages drapez au Métier à deux fils, feront de bonne qualité, bien nettes, bien cardées, uniment filées fans mélange de bourre, & feront lefdits Ouvrages fabriquez conformément aux Statuts & Réglemens.

I I I.

Les Laines de Segovïe & autres Laines Eftrangeres ne pourront être employées qu'en trois fils, excepté feulement pour les menus Ouvrages, tels que Bonnets, Calottes, Chaufons, Etriers & autres de pareille qualité, pour lefquels lefdites Laines étrangeres, ainfi que celles originaires du Royaume, pourront être employées en deux fils pendant le terme cy-deffus marqué.

I V.

Les Laines de Trême dont fe feront lefdits Ouvrages drapez, les fils de Cottons ou Caftors préparez pour lefdits Ouvrages en deux fils, feront employez fur des Métiers montez en vingt-deux plombs, portant chacun deux aiguilles dans la jauge de trois pouces d'étenduë, & non moins.

V.

N'entend Sa Majefté comprendre dans le prefent Réglement les Bas d'Eftame qui feront compofez de trois brins d'Eftain tiré au feu bien peigné, fuivant qu'il a été précédemment ordonné par le Réglement du 30. Mars 1700.

V I.

Permet aux Marchands & Maîtres fabriquans en Bas & autres Ouvrages au Métier de toutes les Villes du Royaume où la fabrique en a été établie, de fe conformer au préfent Réglement pendant ledit temps de trois ans ; Dérogeant Sa Majefté à cet éfet à l'Article X. du Réglement du 30 Mars 1700. En conformité duquel il fera néanmoins libre de fabriquer à trois fils tous lefdits Ouvrages de Bonneterie, pour la plus grande perfection.

V I I.

Et afin que le public puiffe connoître & diftinguer ceux defdits Ouvrages qui feront à deux fils, & ceux qui feront à trois fils, lefdits fabriquans feront tenus d'attacher à chacun d'iceux un plomb, fur lequel feront marquez ces mots *à trois fils*, ou *à deux fils*, à peine de confifcation & de cent livres d'amende.

V I I I.

Et fera au furplus le Réglement du 30. Mars 1700. éxécuté felon fa forme & teneur. Enjoint Sa Majefté au Sr d'Argenfon

Conseiller d'Estat & Lieutenant Général de Police de la Ville de Paris, & aux Srs Intendans & Commissaires départis dans les Provinces & Généralitez du Royaume de tenir la main à l'éxécution du présent Arrest qui sera lû, publié & affiché par tout où il appartiendra. FAIT au Conseil d'Etat du Roy, Sa Majesté y étant, Monsieur le Duc d'ORLEANS Régent present, tenu à Paris le douziéme jour de Juillet mil sept cens dix-sept.

Signé, PHELYPEAUX.

LOUIS par la Grace de Dieu Roy de France & de Navarre: Dauphin de Viennois, Comte de Valentinois, Dyois, Provence, Forcalquier & Terres adjacentes: A nos amez & feaux Conseillers en nos Conseils le Sr. d'Argenson Conseiller en notre Conseil d'Etat, Lieutenant Général de Police de notre bonne Ville de Paris, & les sieurs Intendans & Commissaires départis pour l'éxécution de nos ordres dans les Provinces & Généralitez de notre Royaume ; SALUT. Nous vous mandons & enjoignons par ces Presentes signées de Nous, de tenir chacun en droit soy la main à l'éxécution de l'Arrest cy-attaché sous le contre-scel de notre Chancellerie ; cejourd'huy donné en notre Conseil d'Etat, Nous y étant, portant Réglement pour les Bas & autres Ouvrages de Laine au Métier ; Commandons au premier notre Huissier ou Sergent sur ce requis, de signifier ledit Arrest à tous qu'il appartiendra à ce qu'aucun n'en ignore : Et de faire pour son entiere éxécution tous Actes & Exploits néceffaires sans autre permission, nonobstant Clameur de Haro, Chartre Normande & Lettres à ce contraires. Voulons qu'aux copies dudit Arrest & des Presentes collationnées par l'un de nos amez & feaux Conseillers Secretaires, foy soit ajoûtée comme aux Originaux. CAR tel est notre plaisir. Donné à Paris le douziéme jour de Juillet l'an de Grace mil sept cens dix-sept, & de notre Régne le deuxiéme. *Signé*, LOUIS. *Et plus bas*, Par le Roy Dauphin, Comte de Provence, le Duc D'ORLEANS Régent présent, PHELYPEAUX. Et scellé.

ARREST

DU CONSEIL D'ESTAT

DU ROY,

Portant Réglement pour la Fabrique , le Poids & la Teinture des Bas & autres Ouvrages de Soye, qui se font au Métier.

Du 16 Octobre 1717.

Extrait des Registres du Conseil d'Estat.

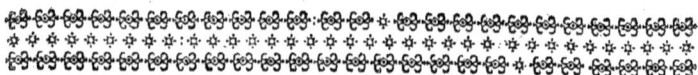

VEU au Conseil d'Etat du Roy l'Arrêt rendu & icelui le trente Mars 1700. portant Réglement pour la Fabrique des Bas & autres Ouvrages au Métier , tant de Soye que de Fil , Laine , Poil , Coton & Castors ; par l'Article IV. duquel il est ordonné que les Soyes préparées pour faire les Bas & autres Ouvrages au Métier , ne pourront être employées en moins de huit brins ; Et par l'Article VII. que les Ouvrages de pure Soye qui seront fabriquez pour être mis & usez en noir , ne pourront être teints qu'après qu'ils auront été travaillez & levez de dessus les métiers , à l'exception néanmoins des Ouvrages mêlez , & de ceux dans lesquels il entrera de l'or ou de l'argent , dont les Soyes pourront être teintes avant que d'être employées ausdits Ouvrages. Autre Arrest du Conseil d'Etat du trente Août 1716. rendu à l'occasion d'une Saisie faite sur le Sieur Ruet Marchand Mercier de la Ville de Paris , par les fabriquans de Bas au Métier de la même Ville , de trente-deux douzaines & quatre paires de Bas de Soye , tous de quatre à cinq brins , & dont quatre douzaines & deux paires étoient faits de Soye teinte en noir avant que d'avoir été employée , par lequel Arrest Sa Majesté auroit ordonné que

les Sieurs Intendans & Commiſſaires départis dans les Provinces &
Généralitez où ſont ſituées les Villes dans leſquelles la fabrique
des Bas & autres Ouvrages au métier eſt permiſe & autoriſée par
les Arreſts du Conſeil , aſſembleroient les Ouvriers & Marchands,
tant en gros qu'en détail . qui fabriquent & qui font commerce
deſdits Ouvrages , même les Négocians qui ſont en uſage d'en
faire paſſer dans les Pays Étrangers , pour les entendre , tant par
rapport à la conſommation du dedans du Royaume, au Commerce étranger , & à l'emploi des Soyes originaires , qu'en vûë de
maintenir ladite Manufacture dans l'état de perfection où elle eſt
parvenuë ; Et même pour s'informer d'eux , s'il convient d'apporter quelque changement audit Article IV. de l'Arreſt du 30 Mars
1700. ſoit en diminuant le nombre des brins qu'il détermine à celui de huit , ſoit en réglant la bonne qualité des Bas à raiſon du
poids , ſuivant l'Article III. des Statuts accordez à la Ville de
Lyon par Lettres Patentes du mois de Février 1676. qui porte
que les Bas de Soye pour homme péſeront au moins quatre onces , & ceux pour femme deux onces & demie , ſoit en diſtinguant
de trois ſortes de Bas , ſçavoir les plus fins , les médiocres , & ceux
d'une qualité inférieure ; & en preſcrivant différentes Régles , &
même différentes marques pour les Bas & autres Ouvrages de
Soye de chacune de ces trois eſpeces : Et par le même Arreſt , Sa
Majeſté auroit auſſi ordonné que leſdits Sieurs Intendans & Commiſſaires départis entendroient pareillement leſdits Ouvriers fabriquans , Marchands & Négocians , au ſujet de l'Article VII. dudit Arreſt du trente Mars 1700. qui deffend de teindre la Soye
des Bas deſtinez à être mis & uſez en noir , ſi ce n'eſt après qu'ils
auront été travaillez & levez de deſſus les métiers , à l'exception
néanmoins des Ouvrages mêlez , & de ceux dans leſquels il entre
de l'or & de l'argent , dont les Soyes pourront être teintes avant
que d'être employées , par rapport à laquelle exception il eſt
ordonné par ledit Arreſt que leſdits Sieurs Intendans & Commiſ-
faires départis s'informeroient & vérifieroient ſi elle doit avoir
lieu pour les Bas dont les coins ſont mêlez de couleur , ou d'or ,
ou d'argent , ſans qu'il y ait aucun mêlange dans le ſurplus des
Bas ; Et qu'ils feroient examiner encore ſi après que les Bas ſépa-
rez des Coins auroient été teints en noir , on ne pouvoit pas y
ajoûter des coins mêlez de Soye de couleur , & de fil d'or ou
d'argent , avec une telle induſtrie & propreté que la fabrique des
Bas n'en ſouffrît aucun préjudice , dequoi ils dreſſeroient leurs
Procès verbaux , & iceux envoyeroient au Conſeil avec leurs avis,
ſur leſquels il feroit ordonné par Sa Majeſté ce qu'il appartiendroit. Vû auſſi les Procès verbaux faits en éxécution dudit Arreſt
du trente Aouſt 1716. Et les avis envoyez par leſdits Sieurs In-

tendans & Commiffaires départis ; Le Procès verbal du vingt-fix
Aouft dernier , contenant les comparutions des Jurez & anciens
des Communautez des Maîtres Teinturiers , & des Maîtres Marchands fabriquans de Bas au métier de la Ville de Paris , pardevant le Sieur d'Argenfon Confeiller d'Eftat ordinaire , & du Confeil du Commerce , par lui mandez , pour être prefens avec le
Sieur Thibouft Apprêteur de Bas de Soye , à l'oppofition de fon
cachet fur une paire de Bas fabriquez à Lyon par le nommé Ver-
nat , marquée d'un plomb de la même Ville , & dont la Soye
auroit été teinte en noir avant que d'être employée , à l'effet d'ê-
tre ladite paire de Bas remife audit Apprêteur , & par lui raportée après que l'aprêt en auroit été fait , pour connoître fi la Soye
fervant à la fabrique des Bas deftinez à être mis & ufez en noir ,
eft auffi bonne teinte en noir avant que les Bas foient fabriquez ,
que lorfqu'elle eft employée en blanc , & que les Bas font teints
enfuite. Les Mémoires defdits Marchands Teinturiers , & des
Fabriquans de Bas au métier de la Ville de Paris , tendans à l'ob-
fervation litterale de l'Article VII. dudit Arrêt de Reglement du
30 Mars 1700. même pour la Ville de Lyon ; enfemble l'avis des
Députez au Confeil du Commerce du trente Aouft dernier : Le
tout vû & confidéré : Oüi le Rapport. LE ROI ETANT EN
SON CONSEIL , de l'avis de Monfieur le Duc d'Orleans
Regent , a ordonné & ordonne que.

ARTICLE PREMIER.

L'Article IV. dudit Arreft en forme de Réglement du trente
Mars 1700. fera éxécuté felon fa forme & teneur , dans tout le
Royaume , Pays , Terres & Seigneuries de l'obéïffance de Sa Majefté ; ce faifant , que les foyes deftinées à faire des Bas & autres
Ouvrages au métier , ne pourront être employées qu'en huit brins ;
Et même en ajoûtant audit Réglement , que tous les Bas pour
hommes feront du poids de quatre onces au moins , & ceux pour
femme de celui de deux onces & demie au moins , le tout à peine
de confifcation tant des Bas , que des métiers , fur lefquels ils auront été faits , de cent livres d'amende , & d'être déchûs de la
Maîtrife & profeffion contre les fabriquans. Et de deux cens livres d'amende , & d'interdiction de leur Commerce en cas de récidive contre les Marchands.

I I.

Pourront néanmoins les fabriquans , fabriquer les Bas deftinez
à être envoyez en Efpagne ou autres Païs Etrangers , en moins de

brins & de moindre poids que celui fixé par l'Article précédent , en y mettant une marque où feront écrits ces mots , *Pour l'Etranger* , avec le nom de la Ville & de l'Ouvrier , fans que lefdits Bas ainfi deftinez pour le Païs Etranger , puiffent être expofez en vente , ni vendus en détail dans les Boutiques , Magazins , ou ailleurs , le tout fous-les peines ci-deffus prononcées.

- I I I.

Ordonne Sa Majefté fous les mêmes peines , conformément à l'Article VII. du Réglement de 1700. les Bas & autres Ouvrages de foye deftinez à être mis & ufez en noir , feront travaillez de Soye blanche , & ne pourront être teints qu'après avoir été achevez & levez de deffus les métiers , à l'exception néanmoins des Bas & autres Ouvrages de Soye noire fabriquez à Lyon , qu'il leur fera libre de travailler avec des Soyes teintes en noir avant que d'être employées , à condition que la marque de la Ville de Lyon & de l'Ouvrier qui les aura fabriquez y fera attachée , & que la doublure du bord , ou de l'entrée des Bas , ainfi fabriquez dans la Ville de Lyon , fera de Soye blanche.

I V.

Ordonne pareillement Sa Majefté que dans toutes les autres Villes du Royaume où les Bas de Soye noire doivent être travaillez avec de la Soye blanche , ceux mêlez & ceux dans lefquels il entrera de l'or & de l'argent , puiffent être faits avec des Soyes teintes en noir ; laquelle exception aura même lieu à l'égard des Bas dont les coins font de foyes de différentes couleurs , ou de fil d'or & d'argent en tout ou en partie , pour tous lefquels Bas on pourra fe fervir de foyes teintes en noir avant qu'elles foient employées. Veut au furplus Sa Majefté que ledit Réglement du trente Mars 1700. foit éxécuté en ce qui n'eft point contraire au prefent Arrêt ; à l'éxécution duquel , enjoint Sa Majefté au Sieur Lieutenant Général de Police à Paris , & aufdits Sieurs Intendans & Commiffaires départis dans les Provinces & Généralitez du Royaume de tenir la main. FAIT au Confeil d'Etat du Roy , Sa Majefté y étant , tenu à Paris le feiziéme jour d'Octobre mil fept cens dix-fept.

Signé , PHELYPEAUX.

LOUIS , par la Grace de Dieu , Roi de France & de Navarre : Dauphin de Viennois , Comte de Valentinois & Diois , Provence , Forcalquier , & Terres Adjacentes. A notre amé & feal Confeiller ordinaire en notre Confeil d'Etat le Sieur d'Argenfon,

Lieutenant Général de Police , & à nos amez & feaux Confeillers en nos Confeils les Sieurs Intendans & Commiffaires départis pour l'éxécution de nos ordres dans les Provinces & Généralitez du Royaume , SALUT. Nous vous mandons & Enjoignons par ces Prefentes fignées de Nous , de tenir la main chacun en droit foi à l'éxécution de l'Arreft ci-attaché fous le contre-fcel 'de notre Chancellerie . cejourd'hui donné en notre Confeil d'Etat . Nous y étant , lequel Nous Commandons au premier notre Huiffier ou Sergent fur ce requis , de fignifier à tous qu'il apartiendra , à ce qu'aucun n'en ignore , & de faire pour fon entiere éxécution tous Actes & Exploits néceffaires fans autres permiffion , nonobftant Clameur de Haro , Chartre Normande & Lettres à ce contraires : Voulons qu'aux Copies dudit Arreft & des Prefentes collationnées par un de nos amez & feaux Confeiller-Secretaires , foi foit ajoûtée comme aux Originaux ; CAR tel eft notre plaifir. Donné à Paris le feiziéme jour d'Octobre , l'an de Grace , mil fept cens dix-fept , Et de notre Régne le troifiéme. *Signé* , LOUIS. *Et plus bas* , par le Roy Dauphin , Comte dè Provence , le Duc d'Orleans Régent prefent. PHELYPEAUX. Et fcellé.

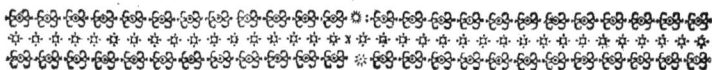

ARREST
DU CONSEIL D'ESTAT
DU ROY,

Concernant les Ouvriers en Bas au Métier , de Méharicourt , & autres lieux du Païs de Santerre en Picardie.

Du 3 Octobre 1719.

EXTRAIT DES REGISTRES DU CONSEIL D'ETAT.

VEU par le Roy en fon Confeil , les Requêtes refpectivement prefentées à Sa Majefté , par les Ouvriers en Bas au Métier de Méharicourt , & autres lieux du Païs de Santerre en Picardie , d'une part ; & par les Maîtres fabriquans de Bas ,

Bas, & autres Ouvrages au Métier des Villes d'Amiens & de Mondidier, d'autre part ; sçavoir, celle des Ouvriers en Bas au Métier de Meharicourt, & autres lieux du païs de Santerre, tendante à ce qu'il plût à Sa Majesté les recevoir opposans à l'éxécution des Arrests du Conseil des 6. Novembre 1717. & 18. Octobre 1718. portant qu'ils seroient tenus de se retirer dans les Villes y designées, faisant droit sur leur opposition, leur permettre de continuer à travailler en Bas au Métier, offrant de payer à Sa Majesté telle somme qu'il lui plairoit d'ordonner pour chacun des Métiers existans actuellement, lesquels ne pourroient à l'avenir être augmentez ; & consentant pour assurer la bonne qualité de leurs Ouvrages, de les assujettir avant de les exposer en vente à la visite & à la marque des Maîtres Jurez des Villes dans le ressort desquelles ils se trouveront établis, à peine de confiscation & d'amende ; & les Requêtes des Maîtres fabriquans de Bas, & autres Ouvrages au Métier des Villes d'Amiens & de Mondidier, par lesquelles ils auroient conclu à ce que les Arrests du Conseil des trente Mars 1700. 6. Novembre 1717. & dix-huit Octobre 1718. fussent éxécutez, & qu'en conséquence il fût ordonné qu'aucun Ouvrier en Bas au Métier ne pourront travailler dans le plat Pays, sous peine d'amende, & de confiscation. Vû pareillement l'état des lieux de la Généralité d'Amiens, où il se fabrique des Bas au Métier, autres que les Villes d'Amiens, Peronne, Mondidier, & Roye, contenant le nombre des Métiers actuellement battant dans chaque Paroisse, icelui des Maîtres qui y font travailler, le nombre des Ouvriers employez ausdits Ouvrages, & à quelle distance, chaque Paroisse est des quatre Villes de Picardie désignées par les Arrests du Conseil ; l'avis du Sieur Chauvelin Maître des Requêtes, Intendant, & Commissaire départi dans la Généralité d'Amiens, ensemble celui des Députez au Conseil de Commerce : Et Sa Majesté faisant attention au préjudice que souffriroient le Bourg de Meharicourt, & les autres lieux du Pays de Santerre, & si le grand nombre des Ouvriers qui y travaillent en Bas au Métier, étoient obligez d'abandonner leurs maisons, & leurs biens, pour aller s'établir dans les Villes de Picardie, marquées par lesdits Arrests : Ouï le Raport, LE ROY EN SON CONSEIL, de l'avis de Monsieur le Duc d'Orleans Régent, ayant égard aux Requêtes des Ouvriers en Bas au Métier de Meharicourt & autres lieux du Pays de Santerre en Picardie, & interprétant, en tant que besoin seroit, lesdits Arrests du Conseil des six Novembre 1717 dix-huit Octobre 1718. & vingt-quatre Janvier 1719. a permis & permet ausdits Ouvriers, de continuer l'éxercice de leur Art, chacun dans le lieu de son établissement, en observant les Réglemens sur ce interve-

N

nus , & à condition que le nombre de leurs Métiers actuellement
exiftans, montant en tout à deux cens cinquante-trois, fuivant
l'état envoyé au Confeil par ledit Sieur Chauvelin, qui demeurera annexé à la minute du préfent Arreft, ne pourra être augmenté à l'avenir, & pour affurer la bonne qualité de leurs Ouvrages : Veut & entend Sa Majefté, que lefdits Ouvriers foient &
demeurent dorénavant agrégez & unis aux Communautez des fabriquans de Bas, & autres Ouvrages au Métier des Villes d'A-
miens, Peronne, Mondidier, & Roye ; c'eft-à-dire, les Ouvriers
de chacun defdits lieux du Pays de Santerre à celle defdites Communautez qui fe trouvera la plus prochaine de chacun defdits lieux.
Ordonne en outre que conformément aux offres defdits Ouvriers,
ils feront obligez avant que d'expofer en vente, & débiter leurs
Ouvrages, de les faire vifiter, & marquer par les Jurez & Gardes
defdites Communautez, à peine de confifcation, & de cinq cens
livres d'amende : Et pour régler & fixer la dépendance de chacun
defdits lieux du Pays de Santerre, où l'on travaille en Bas au Métier, par raport à l'une defdites Villes de Picardie, où il y a des
Communautez de Maîtres & Ouvriers au Métier, enfemble pour
y établir telle autre Police, & difcipline qu'il fera eftimé convenable, Sa Majefté a commis & commet le Sieur Chauvelin, lequel pour cet éfet rendra fon ordonnance, qu'il fera tenu d'envoyer au Confeil pour y être approuvée, & homologuée, & être
en outre ordonné par Sa Majefté ce qu'il appartiendra. Fait au
Confeil d'Etat du Roy, tenu à Paris le troifiéme jour d'Octobre
mil fept cens dix-neuf. *Collationné : Signé* , D E L A I S T R E.

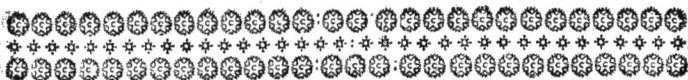

ARREST

DU CONSEIL D'ETAT

DU ROY,

Portant Réglement pour les Bas de Laine , & autres
Ouvrages drapez au Métier.

Du 11 Aouſt 1720.

EXTRAIT DES REGISTRES DU CONSEIL D'ETAT.

VEu par le Roy , étant en ſon Conſeil , les Mémoires pre-
ſentez par pluſieurs Marchands fabriquans de Bas au Métier
du Royaume , par leſquels ils auroient repreſenté qu'il auroit plû à Sa Majeſté ordonner par l'Article premier de l'Arreſt
de ſon Conſeil du 12 Juillet 1717. que les Bas , Calçons & Camiſoles drapez & fabriquez au métier , ſoit blancs , ſoit couleur ou
mêlez , pourroient être faits à deux brins de tréme , & ce , pendant trois ans , à compter du jour de la datte dudit Arreſt ; Que
leſdits Marchands fabriquans ſe feroient conformez aux diſpoſitions de cet Arreſt , d'une maniere qu'il n'auroit été fait aucunes
plaintes deſdites Marchandiſes ; Mais que le tems de trois années
preſcrit étant fini , & leur reſtant encore un grand nombre de
ces Marchandiſes . dont ils ne pourroient ſe défaire , s'il ne plai-
ſoit à Sa Majeſté leur proroger la permiſſion accordée par ledit
premier Article de l'Arreſt de ſon Conſeil du 12 Juillet 1717.
pour un tems qui pourroit même être indéfini , parce qu'on n'a
jamais employé à la fabrique deſdits Ouvrages plus grand nombre
de deux brins de tréme , qu'on file trop gros pour en mettre trois.
Vû leſdits Mémoires , & l'avis des Députez au Conſeil de Commerce ; Oüi le Rapport , LE ROI ETANT EN SON CONSEIL,
de l'avis de Monſieur le Duc d'Orleans Régent , a ordonné & or-

donne , Que conformément à l'Article premier de l'Arreſt du
Conſeil du 12 Juillet 1717. les Bas , Calçons & Camiſoles drapez & fabriquez au métier , ſoit blancs , ſoit couleur ou mêlez ,
pourront être faits à deux brins de tréme , en y employant des
Laines originaires du Royaume , & non autres , juſqu'à ce qu'autrement par Sa Majeſté en ait été ordonné , à condition néanmoins que conformément à l'Article VII. dudit Arreſt du 12
Juillet 1717. les Fabriquans ſeront tenus d'attacher à ces ouvrages un plomb ſur lequel ſeront marquez ces mots , *à deux Fils*, à
peine de confiſcation deſdites Marchandiſes , & de cent livres d'a-
mende. Enjoint Sa Majeſté aux Sieurs Intendans & Commiſſaires
départis dans les Provinces & Généralitez du Royaume , de tenir
la main à l'éxécution du preſent Arreſt , qui ſera lû , publié & affiché par tout où beſoin ſera. F A I T au Conſeil d'Etat du Roy , Sa
Majeſté y étant , tenu à Paris le onziéme jour d'Août mil ſept
cens vingt. *Signé ,* P H E L Y P E A U X.

L OUIS , par la Grace de Dieu , Roi de France & de Navarre ,
Dauphin de Viennois , Comte de Valentinois & Dyois , Provence , Forcalquier & Terre adjacentes : A nos amez & feaux Conſeillers en nos Conſeils , les Sieurs Intendans & Commiſſaires départis pour l'éxécution de nos ordres dans les Provinces & Généralitez du Royaume , S A L U T. Nous vous mandons & enjoignons par ces Preſentes ſignées de Nous , de tenir chacun en droit
ſoi la main à l'éxécution de l'Arreſt ci-attaché ſous le Contreſcel
de notre Chancellerie , cejourd'hui donné en notre Conſeil d'E-
tat , Nous y étant , pour les cauſes y contenuës : Commandons
au premier notre Huiſſier ou Sergent ſur ce requis , de ſignifier
ledit Arrêt à tous qu'il appartiendra , à ce que perſonne n'en-
ignore , & de faire pour ſon entiere éxécution tous Actes & Exploits néceſſaires , ſans autre permiſſion , nonobſtant Clameur de
Haro , Chartre Normande & Lettres à ce contraires : Voulons
qu'aux Copies dudit Arreſt & des Preſentes collationnées par l'un
de nos amez & feaux Conſeillers-Secretaires , foi ſoit ajoûtée
comme aux Originaux. C A R tel eſt notre plaiſir. D O N N E' à Paris
le onziéme jour d'Août , l'an de Grace mil ſept cens vingt ; Et de
notre Régne le cinquiéme. *Signé ,* L O U I S. *Et plus bas ,* Par le
Roy , Dauphin , Comte de Provence , le Duc d'Orleans Régent
preſent , P H E L Y P E A U X. Et ſcellé.

JEAN-PROSPER GOUJON, CHEVALIER,
Seigneur de Gafville & de Coutte, Baron de Châteauneuf, Conseiller du Roy en ses Conseils, Maître des Requêtes ordinaire de son Hôtel, Intendant de Justice, Police & Finances en la Généralité de Roüen.

V E U l'Arreſt du Conſeil ci-deſſus :
NOUS ORDONNONS qu'il ſera éxécuté ſelon ſa forme & teneur, lû, publié & affiché par tout où beſoin ſera, dans l'étenduë de notre Département, à ce que perſonne n'en ignore. F A I T à Roüen, ce vingt-cinquième de Septembre mil ſept cens vingt. *Signé*, DE GASVILLE. *Es plus bas* : Par Monſeigneur, D U V E R T.

❀❀❀❀❀❀❀❀❀❀❀❀❀❀❀❀❀❀❀❀❀❀❀❀❀
❀❀❀❀❀❀❀❀❀❀❀❀❀❀❀❀❀❀❀❀❀❀❀❀❀

ARREST
DU CONSEIL D'ESTAT
DU ROY,

Concernant les Fabriquans de Bas au Métier de la Ville de Sedan.

Du 15 Février 1735.

SUR ce qui a été repreſenté au Roy étant en ſon Conſeil, par les Jurez, Corps & Communauté des Fabriquans de Bas au Métier de la Ville de Sedan, que quoiqu'ils ſoient dans l'Uſage autoriſé par le Conſeil, de fabriquer des Bas à deux Brins de Tréme, ou ils employent les Laines originaires du Royaume, & auſquels ils attachent un Plomb, ſur lequel ſont marquez ces mots, *à deux fils*, ainſi qu'il a été preſcrit & ordonné par Arreſt du onze Août mil ſept cens vingt ; cependant les Maîtres Bonne-tiers au Tricot de quelques Villes circonvoiſines, jaloux du progrès de cette Fabrique, par le nombre d'Ouvriers qu'elle employe, & par la grande confommation qu'elle fait de fes Ouvrages, tant pour la fourniture des Troupes, que pour les Gens de la Campagne, ne cessent de les troubler dans cet Ufage, prétendant que lefdits Bas font fabriquez en contravention aux Réglemens, parce qu'ils ne font pas tirez au Chardon, tondus au Cifeau & drapés; Que cette prétention eft directement contraire à l'efprit des Réglemens, qui n'ont pour objet que le bien public, & d'affurer la bonne qualité des Ouvrages; Et que fi la Fabrique des Bas à deux fils de Tréme qui fe foutient depuis tant d'années à Sedan, étoit interrompuë, il en réfulteroit un tort confidérable pour le commun du Peuple; joint que ce feroit donner lieu à l'Etranger de fournir les trois Évêchez de Bas de même qualité, au préjudice des Sujets du Roy. Vû fur ce l'Avis des Députez du Commerce: Oüi le Rapport du Sieur Orry Confeiller d'Etat, & ordinaire au Confeil Royal, Contrôleur Général des Finances. LE ROY ETANT EN SON CONSEIL, a ordonné & ordonne, que les Arrefts des trente Mars mil fept cens, douze Juillet mil fept cens dix-fept, & onze Aouft mil fept cens vingt, portant Réglemens pour les Bas de Laine, & autres Ouvrages drapez au Métier, feront éxécutez felon leur forme & teneur; cependant fans tirer à conféquence, & jufqu'à ce qu'autrement par Sa Majefté, il il en ait été ordonné, a permis & permet aux fabriquans de Bas au Métier établis en la Ville de Sedan, de continuer l'ufage où ils font, de faire, fabriquer, vendre & debiter des Bas à deux fils de tréme, fans que lefdits Bas foient tirez au Chardon, tondus au Cifeau & Drapez. Et fera le prefent Arrêt lû, publié & affiché par tout où befoin fera; Et pour l'éxécution d'icelui, feront toutes Lettres Patentes expediées. F A I T au Confeil d'Etat du Roy, Sa Majefté y étant, tenu à Marly le quinziéme jour de Février mil fept cens trente-cinq. *Signé*, BAUYN.

Lettres Patentes fur l'Arreft ci-deffus.

LOUIS, par la Grace de Dieu, Roy de France & de Navarre, A nos amez & feaux les Gens tenans notre Cour de Parlement à Metz, S A L U T. Les Jurez, Corps & Communauté des fabriquans de Bas au Métier de la Ville de Sedan, Nous auroient fait reprefenter, que quoiqu'ils foient dans l'ufage autorifé par le Confeil, de fabriquer des Bas à deux Brins de tréme, où ils employent les Laines originaires de notre Royaume, & aufquels ils attachent un plomb, fur lequel font marquez ces mots, *à deux fils*, ainfi qu'il a été prefcrit & ordonné par l'Arreft du onze Aouft mil fept cens vingt ; cependant les Maîtres Bonneriers au Tricot de quelques Villes circonvoifines , jaloux du progrès de cette fabrique , par le nombre d'Ouvriers qu'elle employe , & par la grande confommation qu'elle fait de fes Ouvrages , tant pour la Fourniture de nos Troupes , que pour les Gens de la Campagne , ne ceffent de les troubler dans cet ufage , prétendant que lefdits Bas font fabriquez en contravention aux Réglemens , parce qu'ils ne font pas tirez au Chardon , tondus au Cifeau & drapez ; Que cette prétention eft directement contraire à l'efprit des Réglemens qui n'ont pour objet que le bien public , & d'affurer la bonne qualité des Ouvrages ; Et que fi la Fabrique des Bas à deux fils de tréme qui fe foûtient depuis tant d'années à Sedan , étoit interrompuë , il en réfulteroit un tort confidérable pour le commun du Peuple , joint que ce feroit donner lieu à l'Etranger de fournir les trois Evêchés de Bas de même qualité , au préjudice de nos Sujets : A quoi defirant pourvoir , nous aurions fur ce expliqué nos intentions par l'Arrêt ci-attaché fous le Contrefcel de notre Chancellerie , cejourd'huy donné en notre Confeil d'Etat , Nous y étant , & ordonné que pour l'éxécution d'icelui , toutes Lettres néceffaires feroient expediées. A ces Causes , de l'Avis de notre Confeil qui a vû ledit Arrêt , nous avons ordonné , & par ces prefentes fignées de notre main , Ordonnons que les Arrêts des trente Mars mil fept cens , douze Juillet mil fept cens dix-fept , & onze Avril mil fept cens vingt , portant Réglement pour les Bas de Laine & autres Ouvrages drapés au Métier , feront éxécutés felon leur forme & teneur : Cependant fans tirer à conféquence , & jufqu'à ce qu'autrement il en ait été par nous ordonné , Avons permis & permettons aux fabriquans de Bas au Métier établis en la Ville de Sedan , de continuer l'ufage où ils font , de faire , fabriquer , vendre & debiter des Bas à deux fils de Tréme , fans que lefdits Bas foient tirés au Chardon , tondus au Cifeau & drapés. Si Vous Mandons que ces Prefentes vous ayés à faire regiftrer , & le contenu en icelles , garder & obferver felon leur forme & teneur ; aux Copies dudit Arrêt & des Prefentes collationnées par l'un de nos amés & feaux Confeillers-Secretaires , Voulons que foi foit ajoûtée comme aux Originaux : Car tel eft notre plaifir. Donné à Marly le quinziéme jour de Février , l'an de grace mil fept cens trente-cinq ; & de notre Régne le vingtiéme. *Signé* , L O U I S. *Et plus bas* , par le Roi , Bauyn. Et fcellées du grand Sceau de cire jaune , pendant en queuë de parchemin.

Uës , publiées & regiftrées ; Oüi , & ce requerant le Procureur Général du Roy , pour être éxécutées felon leur forme & teneur : Ordonne que Copies Collationnées à l'Original feront inceffammens envoyéss.

dans tous les Bailliages & autres Siéges ressortissans duëment à la Cour ; pour y être pareillement lûës, publiées, registrées & éxécutées. Enjoint aux Substituts dudit Procureur Général du Roy sur les Lieux, d'y tenir la main, & d'en certifier la Cour dans un mois. Fait à Metz en Parlement, l'Audience publique tenant, le Lundy dix-huitiéme Avril mil sept cens trente-cinq. Collationné, Signé MENGIN.

    Collationné à l'Original par Nous Conseiller du Roi, Secretaire & Greffier en Chef, soussigné.

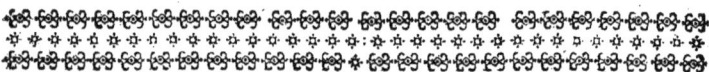

DE PAR LE ROY,

ET MONSIEUR LE LIEUTENANT

GENERAL DE POLICE.

SENTENCE Qui ordonne que toutes les Marchandises de Bonneterie-Chapellerie apportées en cette Ville de Roüen, tant par Eau que par Terre, seront portées ou envoyées au Bureau des Bonnetiers-Chapeliers, pour y être visitées ; Avec deffenses à tous Hôteliers & autres Personnes, de recevoir icelles avant la Visite, à peine de confiscation, &c.

L'AN de Grace mil sept cens seize, le Samedy vingt-neuviéme jour d'Août : Devant Nous FRANÇOIS DE HOUPPEVILLE, Ecuïer, Sieur de Semilly, Conseiller du Roi, Lieutenant Général de Police en la Ville, Bailliage & Vicomté de Roüen. SUR la Requête à Nous presentée par les Maître-Jurez-Gardes année presente, de l'Etat de Marchand Bonnetier-Chapelier en cette Ville & Banlienë de Roüen ; EXPOSITIVE, que de tems immémorial ils ont un Bureau en cette Ville, rüe Mont Saint-Denis, dans lequel, suivant la disposition des anciens Réglemens, & le bon ordre de la Police des Arts & Métiers, toutes

les

les Marchandises dépendantes dudit État de Marchand Bonnetier-Chapelier, entrant en cette Ville, soit par Eau ou par Terre, doivent être aportées, pour être ensuite vûës & visitées par lesdits Jurez-Gardes, sans pouvoir auparavant ladite Visite, être lesdites Marchandises portées & déchargées ailleurs, sous quelque prétexte que ce soit ; même de l'heure tarde de l'arrivée, qui ne serviroit qu'à pallier les fraudes, & couvrir les contraventions, si on écoutoit ces sortes d'excuses. On a trouvé cette précaution si importante pour le bien du Commerce & des Manufactures, que Sa Majesté s'est portée d'en faire un Article exprès dans le Reglement pour les Toiles : la plûpart des Arts & Métiers de cette Ville, se sont conformez aux anciens Reglemens que les Prédecesseurs des Demandeurs avoient fait rendre à ce sujet : cependant plusieurs Voituriers par Eau & par Terre, & Messagers, feignans ignorer les Réglemens, livrent les Marchandises de Bonneterie & Chapellerie qu'ils aportent & conduisent en cette Ville, sans vouloir les envoyer au Bureau des Demandeurs ; & plusieurs Aubergistes les reçoivent dans leurs Auberges ; ce qui cause des desordres ruineux pour leur Commerce, & les oblige de Nous donner leur Requête, pour imposer telles peines que Nous trouverions à propos pour l'observation des Reglemens. Tendante ladite Requête, à ce que vû les Sentences 19. Janvier 1587. 15. Avril 1644. premier Juin 1649. 23. Décembre 1658. 2. Avril 1682. 30. Janvier 1683. 7. Février 1684. 21. Mars 1684. 22 Novembre 1690. confirmée par Arrest du Parlement, 4 Octobre 1712. & autres Piéces y attachées, il Nous plût ordonner qu'elles seront éxécutées selon leur forme & teneur ; ce faisant, que les Voituriers par Eau & par Terre, & Messagers emmenans en cette Ville des Marchandises de Bonneterie-Chapellerie, seront tenus de les envoyer au Bureau des Marchands Bonnetiers-Chapeliers, pour là y être vûës & visitées, suivant & aux termes des Réglemens ; faire deffenses à tous Hôteliers, Aubergistes, ou autres, de recevoir & souffrir décharger chez eux aucunes desdites Marchandises, qu'après la Visite d'icelles, sur peine de confiscation & d'Amende arbitraire : A laquelle fin, la Presente & notre Ordonnance qui seroit éxécutée, nonobstant & sans préjudice de l'Apel, seroit lûë, publiée & affichée où besoin seroit. VEU par Nous ladite Requête, nôtre Ordonnance d'être icelle communiquée au Procureur du Roy de ce Siege de cejourd'hui, lesdites Sentences ci-dessus dattées ; ensemble les Conclusions dudit Procureur du Roy, dont du tout lecture faite : NOUS AVONS, du consentement du Procureur du Roy, ordonné que les Sentences ci-dessus seront éxécutées selon leur forme & teneur ; ce faisant, enjoint à tous Voituriers, tant par Eau que par Terre, & Messa-

gers aportans des Marchandifes de Bonneterie-Chapellerie en cette Ville, de les porter ou envoyer au Bureau defdits Marchands
Bonnetiers-Chapeliers, aux fins d'y être vûës & vifitées, aux termes de leurs Réglemens : Défenfes faites à tous Hôteliers, Au-
bergiftes, ou autres Perfonnes, de recevoir icelles avant d'être
vifitées, à peine de confifcation, & autres peines portées par lefdits Réglemens. Et afin que la prefente notre Ordonnance foit
notoire, & qu'aucun n'y contrevienne, elle fera publiée & affichée à la Requête defdits Jurez-Gardes, par tout où befoin fera;
& en cas d'opofition, Mandement : A laquelle fin eft mandé au
premier Huiffier ou Sergent Roïal fur ce requis, ces Prefentes
mettre à dûë & entiere éxécution felon leur forme & teneur, de
la part defdits Gardes Marchands Bonnetiers-Chapeliers. Donné
comme deffus. *Signé*, DE HOUPPEVILLE & BERTREN.
Et fcellé.

SENTENCE

QUI ORDONNE QUE TOUTES LES
Marchandifes de Bonneterie feront portées & vifi-
tées en l'Hôtel ordinaire des Maîtres de l'Etat de
Marchand Bonnetier-Chapelier, à peine de cinq cens
liv. d'Amende, & punition corporelle en cas de
récidive.

L'An de Grace mil fept cens dix-huit; le Samedy douziéme
jour de Mars, iffuë d'Audience en la Chambre de Police du
Bailliage de Roüen; En Jugement devant Nous François de
Houppeville, Ecuyer, Sieur de Semilly, Confeiller du Roy, Lieutenant Général de Police au Bailliage, Ville & Vicomté dudit
Roüen. Entre les Maîtres & Gardes de l'Etat de Marchand Bonnetier-Chapelier en la Ville & Banlieuë de Roüen, demandeurs
en principal de Caufe, en conféquence de la Saifie par eux requife & faite faire de huit douzaines de Bas, du nombre de vingt
douzaines, trouvés en la maifon du Sieur Georges Blanbureau

Marchand Bonnetier-Chapelier ; pour n'avoir point été portés en la Chambre & Bureau de la Communauté, vifités ni payé le Droit, même pour n'y avoir de Plomb à la plûpart , & être même défectueux & vicieux dans leur fabrique ; & pourfuivant l'éxécution de notre Sentence du jourd'hier, renduë entr'eux & François Onfray Marchand à Caën , par laquelle il fut dit à bonne caufe l'Aprochement avec dépens , le Sieur de Blanbureau condamné en fix livres d'amende , & ordonné qu'avant faire droit fur la Confifcation demandée , les vingt douzaines de Marchandifes de Bas , enfemble le Ballot de Bonneterie venant d'Evreux , entré chez ledit Sieur Blanbureau , fera reprefenté demain à l'iffuë , pour être ordonné ce qu'il appartiendra ; à laquelle fin le Sieur Onfray retenu en Caufe à la Requête du Procureur du Roy ; comparents lefdits Gardes par Maître Nicolas Toüin leur Procureur d'une part ; ledit fieur Blanbureau fur ce pourfuivi , & deffendeur , comparent par Maître Quirin-Leger Pigache fon Procureur d'autre part ; & ledit Onfrai auffi fur ce pourfuivi , deffendeur , comparent par Maître Georges de la Haye fon Procureur , encore d'autre part. Par lefdits Gardes a été dit que leur Aprochement a été fait chez un de leurs Maîtres de Marchandifes en contravention des Réglemens; *Primò* , pour n'avoir point été portée au Bureau de la Communauté pour y être vûë & vifitée , les Droits payez & le partage fait , fuivant & en conformité des Réglemens. *Secundò* , pour n'être pas marquées du Plomb de l'Ouvrier qui a fabriqué lefdits Ouvrages. *Tertiò* , enfin parce qu'ils font vicieux & deffectueux : Ces faits certains nous condamnâmes ledit Blanbureau en amende & aux dépens : & ayant voulu par Nous-mêmes connoître le vice, Nous aurions ordonné que la Marchandife feroit reprefentée ; il paroît par l'infpection qu'elle eft vicieufe , & qu'elle manque des Plombs ; pourquoi conclud que la Marchandife feroit déclarée confifquée , fauf le recours de Onfray contre Blanbureau , ou l'un contre l'autre : que deffenfes feront faites à tous Marchands d'amener ou envoyer en cette Ville des Marchandifes deffectueufes , que lorfqu'ils en envoyeront , ils feront tenus de les aporter au Bureau de la Communauté pour y être vûës & vifitées , les Droits payez & enfuite le partage fait , fous peine de Confifcation , fauf au Procureur du Roy à conclure ce qu'il trouvera à propos ; à laquelle fin la Sentence fera lûë , publiée & affichée où befoin fera. Par ledit Sieur Onfray a été dit qu'il ne reconnoît plus à prefent fa Marchandife , fa Marque n'y étant plus, qu'il eft à préfumer qu'elles ont été changées , & que ce ne font plus celles par lui venduës ; pourquoi foûtient qu'en cas que le Siège fe porte à la confifcation defdites Marchandifes , elle doit tomber fur ledit Sieur Blanbureau , & qu'il doit être déchargé de

O 2

l'action avec dépens : Et par ledit Blanbureau a été dit qu'au moyen de la representation qu'il fait defdits Bas & Ballot de Bonneterie , aux termes de la Sentence renduë le jourd'hier , il s'en raporte au Siége d'ordonner fur la Confiscation demandée ce qu'il jugera à propos, ne reclamant rien aufdites Marchandifes. OUY Germain Avocat du Roy, pour le Procureur du Roy en fes Conclufions verbales : IL EST DIT , oüy le Procureur du Roy , faifant droit fur le Vice defdites Marchandifes , que diftraction fera faite des plus vicieufes , pour être venduës par l'Huiffier de fervice avec expreffion de vice, avec dépens fur le fieur Onfray , liquidés à la fomme de . . . . ces prefentes comprifes , & fignification d'icelles ; & faifant droit fur les plus amples Conclufions du Procureur du Roy, enjoint aux Marchands Bonnetiers de fe conformer aux Réglemens, & deffenfes à tous Marchands Forains d'apporter aucune Marchandife, & de l'expofer en vente fans l'avoir préalablement portée à la Chambre de la Communauté, pour être vifitée, & d'en apporter que de bonne, loyale & Marchande, à peine de cinq cens livres d'Amende, & de punition corporelle en cas de récidive ; & permis aufdits Gardes de faire lire, publier & afficher notre prefente Sentence, Et mandé au premier Huiffier ou Sergent Royal fur ce requis ces Prefentes dûëment exécuter. Donné comme deffus.
Signé, DE HOUPPEVILLE. Et LERNAULT.

Signifié & délivré Copie de la prefente Sentence aufdits Onfray & Blanbureau le 22 Mars 1718. Et Lû , Publié & Affiché aux lieux accoûtumez & où befoin a été cejourd'huy Jeudy 24 Mars audit an. Signé BEAUVAIS.

✿✿✿✿✿✿✿✿✿✿✿✿✿ ✿ ✿✿✿✿✿✿✿✿✿✿✿✿✿

SENTENCE
DU SIEGE DE LA POLICE
DU BAILLIAGE DE ROUEN.

QUI Ordonne que les Marchandifes de Bonneterie au nombre de cinq Balles, répoftées à l'Auberge de l'Image S. Michel , près S. Sever , fur l'Aprochement defquelles il eft ordonné , qu'elles feront portées à la Chambre de la Communauté des Marchands Bonnetiers , pour y être vifitées , avec défenfes de tomber en pareille contravention , &c.

Du 28 Aouft 1734.

L'AN de Grace mil fept cens trente-quatre , le Samedi vingt-huitiéme jour d'Aouft : En Jugement devant Nous JACQUES BILLARD DE NAINVILLE Ecuïer , Confeiller du Roy, Lieutenant Général de Police au Bailliage ,

Ville & Vicomté de Roüen. Entre les Sieurs Maîtres & Gardes
année presente, de l'Etat de Marchand Bonnetier, en la Ville &
Banlieuë de Roüen, demandeurs en vertu de leur Commiſſion
de Garde, émanée de Nous, en date du 4. Janvier dernier, dûëment ſignée & ſcellée en forme ; & ſur l'avis qu'ils ont eu, que
l'on entreprend journellement ſur leur Négoce & Marchandiſe,
au préjudice de leurs Statuts, Arrêts & Réglemens, par leſquels
il eſt fait défenſes à tous Aubergiſtes, Cabaretiers & autres, de
recevoir aucune Marchandiſe de Bonneterie, & comme ils ont
apris qu'il y avoit pluſieurs Balles répoſtées chez le Sieur Feron,
Maître de l'Auberge où pend pour Enſeigne l'Image de Saint
Michel, hors le Pont proche S. Sever ; à l'éfet dequoi ils auroient requis Me Lemieux Huiſſier en ce Siége, d'aller avec eux
chez ledit Feron, où étant arrivez, ils auroient trouvé chez lui
dans ſa Cour, ſept Balles de Bonneterie dépendant dudit Métier,
ce qu'ils ont aperçû par une découture qui a été faite à chaque
Balle, ſur leſquelles il n'y a aucun Numero, & marquées H lors
dequoi le Sieur Feron a déclaré que le Sieur Havard Marchand,
l'avoit prié de les garder trois ou quatre jours, & qu'elles ſont
arrivées à ſon Auberge, le 23 de ce mois : Et comme c'eſt une
contravention à leurs Statuts & Réglemens, ils auroient requis
ledit Lemieux d'en faire la ſaiſie & aprochement ; ce qu'il auroit
fait, & ficelé, & ſur les nœuds des ficelles auroit apoſé le Cachet
des Armes du Roy, & laiſſé à la charge & garde dudit Sieur Feron, pour les repreſenter toutesfois & quantes ; & pour voir
juger la confiſcation deſdites Marchandiſes, & que défenſes feroient faites audit Feron & à tous Cabaretiers & Aubergiſtes, de
garder & retirer chez eux aucunes des Marchandiſes de Bonneterie, qu'au contraire, ils feroient tenus de les envoïer au Bureau
deſdits Marchands-Bonnetiers, ſauf au Procureur du Roy à conclure pour l'Amende, & que la Sentence qui inter viendroit, feroit lûë, publiée & affichée ; icelui Sieur Feron auroit été ajourné
à comparoir aujourd'hui pardevant Nous ; le tout ſuivant le Procès verbal & Action dudit Lemieux Huiſſier, du 26 de ce mois,
contrôlé à Roüen le 27. ſur lequel a été preſenté ; comparans leſdits Sieurs Marchands Bonnetiers par Me Marin le Hoüé leur
Procureur, d'une part : ledit Sieur Feron aproché & ajourné,
comparant par Me Gilles Vautier ſon Procureur, d'autre part.
Par Me de Clere Avocat des Sieurs Marchands Bonnetiers, a été
dit que quelques précautions qui aïent été priſes, il a été impoſſi-
ble juſqu'à preſent, d'empêcher les anarremens qui ſe font des
Marchandiſes concernant leur Profeſſion : les Cabaretiers & Aubergiſtes donnent les mains & facilitent ces anarremens, malgré
tous les Jugemens qui ont été rendus contr'eux, qui leur font

défenfes de recevoir aucunes Marchandifes de Bonneterie:Il eft arri-
vé que toutes les fois que pareille queftion s'eft prefentée, les Auber-
giftes ont été condamnez à une Amende; ce qui peut d'autant moins
faire de difficulté, dans la queftion prefente, que Feron défendeur
ne peut difconvenir de la contravention où il eft, puifque fa déclaration faite fuffit pour le faire condamner, ne lui étant pas
permis ni à qui que ce foit, de fouffrir & laiffer en dépôt chez
lui, des Marchandifes de Bonneterie; fi vrai que le Sieur Havard, fous le nom duquel l'on prétend qu'elles font venuës. en a
fait porter la même journée au Bureau, quatre Balles pour les
faire vifiter; ce qui prouve que Feron eft en contravention, ne
cherche qu'à tromper les Sieurs Demandeurs & le Public; ce
qui fait que toutes les fois que pareilles gens ont fervi d'entre-
poft, ils ont été condamnez, fuivant les Sentences dont les
Sieurs Demandeurs font porteurs, lefquelles ont été lûes, publiées & affichées : Feron défendeur eft encore dans une efpece
bien moins favorable, puifqu'il connoît par lui-même le droit &
la qualité des Sieurs Demandeurs : Pourquoi eft conclu qu'il fera dit à bonne caufe la faifie & aprochement ; ce faifant, les
Marchandifes faifies déclarées confifquées au profit des Gardes ;
qu'il fera fait défenfes à Feron & à tous autres, de faire pareille
contravention à l'avenir; que la Sentence qui interviendra, fera
lûe, publiée & affichée par tout où befoin fera, le tout avec
amende & dépens. Par Me Ducaftel Avocat dudit Sieur Feron,
a été conclu qu'il fera dit à tort la faifie & aprochement; ce faifant, qu'il aura main-levée des cinq Balles de Marchandifes faifies, attendu qu'elles arrivent de Guibray, où elles avoient été
portées pour la Foire; que lefdits Gardes feront condamnez en
cinquante livres d'intérêts envers le Sieur Havard à qui elles
apartiennent. avec dépens. Surquoi, oüi Germain Avocat du
Roy, en fes Conclufions verbales ;

IL EST DIT, oüi le Procureur du Roy, à bonne caufe l'A-
prochement, avec dépens : Seront les cinq Balles de Marchandife portées à la Chambre de la Communauté, pour être vifitées
par les Gardes : Défenfes de tomber en pareille contravention,
fous plus grande peine ; qui fera lû, publié & affiché par tout
où befoin fera ; lefquels dépens taxez à la fomme de
Et mande au premier Huiffier ou Sergent Roïal de ce Bailliage
requis, ces Prefentes dûement exécuter, de la part defdits Sieurs
Demandeurs. Donné comme deffus.

Signez, BILLARD, & LERNAULT, avec paraphes.

Scellé à Roüen, ce 10 Septembre 1734. Signé, HERVIE.
Et fignifiée, tant à Procureur qu'à Domicile, le 11. par Me LEMIEUX

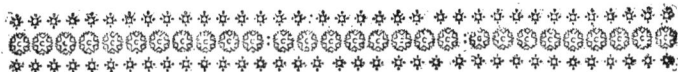

SENTENCE

DU SIEGE DE LA POLICE

DU BAILLIAGE DE ROUEN,

QUI condamne le nommé Moreau , se disant Maître fabriquant de Bas au Métier, condamné aux dépens, pour les causes mentionnées en la Sentence ci dessous : Avec deffenses à lui faites de faire imprimer , afficher & distribuer aucuns billets , pareils à ceux par lesquels il s'étoit annoncé Marchand de bas de soye , &c. sous les peines au cas apartenant.

Du 2 de Décembre 1735.

L'An de Grace mil sept cens trente-cinq, le Vendredy deuxiéme jour de Décembre : En Jugement devant Nous JACQUES BILLARD DE NAINVILLE Ecuïer, Conseiller du Roy , Lieutenant Général de Police au Bailliage , Ville & Vicomté de Roüen. Entre les Gardes Marchands Bonnetiers en cette Ville , demandeurs en Requête par eux à Nous presentée , tendante à ce qu'étant défendu aux Maîtres faiseurs de Bas au Métier , de vendre autres Marchandises , que celles qu'ils font , & font faire dans leurs Boutiques , par leurs Apprentifs & Compagnons , suivant le Réglement de 1700. Arrest du Conseil de l'année 1711. même par les propres Statuts desdits Maîtres faiseurs de Bas au Métier , par les Articles XXV. & XXVI. & au préjudice desdits Réglemens , Arrêts & Statuts , le nommé Moreau , se disant Maître Fabriquant desdits Ouvrages au Métier , s'est avisé de faire venir des Marchandises de Bas de Soye , tant de Paris , qu'autres endroits , ce qui lui est expressément deffendu ; & afin de périr le Commerce des Demandeurs , depuis un mois ledit Mo-

reau s'eſt aviſé de faire diſtribuer un Imprimé, par lequel led.
Moreau annonce qu'il a des Bas de ſoye auſſi beaux & auſſi parfaits que les Bas de Paris & d'Angleterre, & en fixe les prix ; &
non content d'avoir fait diſtribuer leſdits Imprimez, il y a envi-
ron trois ſemaines, il s'eſt aviſé le Dimanche 21 Aouſt, d'en faire diſtribuer de nouveaux, dans le Parvis de Nôtre-Dame, ſur le
Port, au Cours, & autres endroits de cette Ville : D'ailleurs, l'é-
noncé de ces Imprimez n'eſt véritable, puiſque tous les Bas qu'il
a dans ſa Boutique, ne ſont de ſa Fabrique, mais bien de différens
endroits ; & quand même comme non, ils ſeroient de ſa Fabrique, il n'eſt pas permis à aucun Maître de fixer les prix de ſes
Marchandiſes, ni afficher, ni diſtribuer icelles, comme ledit Moreau a fait juſqu'à la Porte d'un des Gardes des Demandeurs : Et
comme cette entrepriſe eſt préjudiciable aux Sieurs Demandeurs,
& à tous Marchands de cette Ville & ailleurs, y aïant eu Sentence renduë par Monſieur le Lieutenant Général de Police de
Paris, en datte du premier Juillet 1734. portant deffenſes à tous
Marchands, de diſtribuer aucuns Billets, pour annoncer la Vente ni les prix de leurs Marchandiſes, ſous quelque prétexte que
ce ſoit, à peine de trois cens livres d'Amende pour la première
contravention, & de fermeture de Boutique, au cas de récidive ;
& comme il convient réprimer une pareille entrepriſe ; Tendante
ladite Requête, à ce qu'il Nous plût accorder notre Mandement
aux Demandeurs, pour faire venir à la prochaine Audience pardevant Nous, ledit Moreau, pour le faire condamner en trois
mille livres d'intérêts envers la Communauté des Demandeurs,
ſauf au procureur du Roy à conclure pour l'Amende ; & que
deffenſes lui ſeroient faites & à tous autres, de faire annoncer la
Vente & les prix de leurs Marchandiſes à l'avenir ; & que la Sentence qui interviendroit, ſeroit lûë, publiée & affichée, avec
dépens, auſquels ledit Moreau ſeroit condamné ; au bas de laquelle eſt notre Ordonnance, portant d'être communiquée au
Procureur du Roy, du 22 Aouſt dernier ; Concluſions étant enſuite, portant, Ayant pris communication de la Preſente, n'empêche Mandement être accordé aux fins d'icelle, dudit jour 22
Aouſt dernier ; notre Ordonnance enſuite, portant d'être fait ſuivant les Concluſions du Procureur du Roy, dudit jour 22 Aouſt
dernier, dûëment ſcellée ; & demandeurs en ſignification d'icelle,
faite au ſieur Moreau, à comparoir pardevant Nous par Exploit
de Moriſlet Huiſſier, du 23 Aouſt dernier, contrôlé le 24. pour
procéder ſur les fins de ladite Requête, ſuivant qu'il eſt énoncé en
notre Sentence, renduë entre les Parties le 27 Aouſt ; par laquelle il eſt dit, oüi le Procureur du Roy, que l'action des Demandeurs eſt convertie en oppoſition, contre l'Ordonnance du
25 Juin

25 Juin dernier ; fur laquelle pour être fait droit , les Parties in-
ftruiront & produiront toutes chofes tenant état , fignifiée de
Procureur à Procureur , par Acte du 9 Septembre dernier , par
Preaux Huiffier , non contrôlé , pour être diligence de Procureur à Procureur ; & encore demandeurs en fignification d'autre
Sentence renduë entre les Parties , le 20 Octobre dernier ; par
laquelle il eft dit , Acte de la déclaration des Demandeurs , enfemble de la reprefentation faite d'un paquet de Bas , lefquelles
déclaration & dépofition feront fignées par les Demandeurs , &
demeurera ledit Paquet dépofé au Greffe , pour en être fait ouverture à l'iffuë , prefence du Procureur du Roy & des Parties ;
& par autre difpofition , il eft dit , oüi le Procureur du Roy, acte
des déclarations ci- deffus , le Billet fera paraphé des Parties , de
Nous & du Procureur du Roy , les Bas ficelez , cachetez , & le
tout dépofé au Greffe , pour les Parties en prendre communication , fans déplacer , & en tirer telles inductions qu'elles aviferont
bien être ; ladite Sentence fignifiée le 9 Novembre dernier , par
Lecomte Huiffier , non contrôlée , pour être diligence de Procureur à Procureur : Comparans lefdits Gardes Marchands Bonnetiers par Me Marin le Hoüé leur Procureur , d'une part ; ledit
Thomas Moreau Maître Fabriquant de Bas & autres Ouvrages
au Métier , comparant par Me Pierre-Henry Hecquard fon Procureur , d'autre part : Par Me Declere Avocat de l'état des Marchands Bonnetiers , a été dit qu'il a été impoffible jufqu'à prefent , de faire paffer aucune déclaration pofitive au Sieur Moreau ,
fur la qualité des Bas par lui vendus , quoique cependant il les annonce comme auffi beaux & auffi parfaits que ceux de Paris &
d'Angleterre , dans le tems qu'il demeure conftant par la reprefentation d'iceux , qu'ils font défectueux , n'ayant pas le poids porté par les Réglemens de la Fabrique de l'année 1717. ni la qualité
requife & néceffaire , pour être regardée comme bon Ouvrage. Il
eft donc aifé de s'apercevoir que ce nouveau venu , fous prétexte
de donner de bonne Marchandife , en diftribuë de mauvaife ; &
c'eft une des raifons pour lefquelles il n'a jamais été permis à aucun Fabriquant ni Négociant , de diftribuer ni afficher des Pla-
cards , qui annoncent le prix de leurs Ouvrages ou Marchandifes ;
ce qui eft d'une conféquence infinie pour le Commerce , avec d'autant plus de raifon , que cela occafionneroit des Banqueroutes ,
parce que celui qui eft faifi de Marchandife défectueufe , s'en dé-
fait promptement par ce moïen , & le Public n'a pas , pour ainfi
dire , le tems s'apercevoir qu'il a été trompé ; à joindre que Moreau en qualité de Fabriquant , n'a pû vendre que les Bas de fa Fabrique , conformément au Réglement de 1700 & à l'Arreft du
Confeil , rendu contradictoirement le 26 Décembre 1711. & ceux

P.

faifis, n'ont jamais pû être fabriquez par lui, puifque lors des Procès verbaux il ne s'eft trouvé chez lui, ni Ouvriers, ni Métiers, ni Soïe pour travailler ; & quand bien même il y en auroit eu, comme non, il eft impoffible en moins de quinze jours, de faire quarante-huit ou cinquante douzaines de paires de Bas de foye : Pourquoi en perfiftant aux moyens employez lors de la Sentence renduë le 21 Octobre dernier, eft conclu par les Sieurs Demandeurs, que les fix paires de Bas qui ont été vendus & livrez par ledit Moreau, marquez de fon plomb, qui eft aufdits fix paires de Bas, fuivant la Facture par lui donnée & quittancée, feront confifquez ; qu'il fera condamné en cent livres d'Amende, & à la reftitution de la fomme par lui reçuë pour la valeur defdits Bas, envers les Marchands Bonnetiers ; & qu'il lui fera fait défenfes de fabriquer ou faire fabriquer à l'avenir aucunes Marchandifes, que conformément à la qualité & au poids défigné par les Réglemens ; comme auffi, qu'il fera dit & jugé, que faifant droit fur l'opofition contre l'Ordonnance du 25 Juin dernier, furprife de la Religion de Monfieur le Lieutenant Général de Police, qu'elle fera raportée comme furprife, & contraire à la bonne foi du Commerce ; & qu'il fera fait défenfes audit Moreau & à tous autres, de récidiver ; qu'il fera condamné en trois mille livres d'intérêts ; que la Sentence qui interviendra, fera lûë, publiée & affichée par tout où befoin fera, fauf à Monfieur le Procureur du Roy de conclure pour l'Amende, ce qu'il avifera bon être ; le tout avec dépens. Et par le Sieur Moreau a été dit que les motifs de la Requête originaire des Bonnetiers-Tricoteurs, ne contenant aucuns moïens folides, ils ont été obligez de donner le change, & de fe propofer pour but, (ce qui n'a pas le moindre raport à ce qui fait la matiere du Procès) qu'il foit deffendu, comme ils le prétendent aux Maîtres faifeurs de Bas au Métier, de vendre autres Marchandifes que celles qu'ils font & font faire dans leurs Boutiques, par leurs Aprentifs & Compagnons : Le Sieur Moreau leur a fouvent dit que les Marchandifes qu'il vendoit, étoient de fa Fabrique ; & quand il feroit vrai qu'il les auroit fabriquez à Paris, les Parties peuvent-elles en avoir fait la maatiere de deux Procès, actuellement pendans en la Cour, & en faire encore en ce Siège, le fujet d'un troifiéme ? Leur jaloufie & le complot de périr le Défendeur, n'eft-il point parvenu au plus haut degré, par le dépôt actuel qu'ils ont entre leurs mains, de plus de quinze cens livres de Marchandifes, qui font la meilleure partie de la fortune d'un jeune homme ; & quand ils prétendent faire fuprimer les Affiches, qu'ils difent s'il y a un feul article de leurs Statuts, ou même de quelle Communauté que ce foit, qui porte une prohibition de fe faire connoître, quand on a le pou-

voir de vendre & de faire fabriquer : Le Sieur Moreau fçait bien
qu'il n'est point permis à un Marchand d'indiquer ses Marchandises à un prix au-dessous des prix ordinaires , quand cette indica-
tion a pour motif de frustrer ses Créanciers ; il n'est pas juste que
celui qui ne cherche qu'à se faire une somme d'argent , pour se
ménager une fuite & une retraite assurée , prive les autres Marchands d'un gain licite & ordinaire ; ce sont ces especes qui sont
connoître le Marchand infidéle , qui ne cherche qu'à tromper ses
Créanciers : Dans le cas present , les Bonnetiers peuvent-ils dire
que le Sieur Moreau a entrepris des engagemens , ausquels il n'a
pû satisfaire ? Est-il une seule personne dans Roüen & ailleurs ,
qui soit venuë se plaindre ? Il est donc d'une évidence sans repli-
que , que le procedé des Tricoteurs-Bonnetiers n'a pour fonde-
ment , que de s'oposer au progrès d'une Manufacture de Bas de
soye , dont ils se persuadent que l'établissement ruineroit entiérement leur Commerce , ayant déja mandé aux Fabriquans Bonnetiers de Paris , que s'ils ne les soûtenoient pas dans leurs prétentions contre ledit Sieur Moreau , ils n'entendoient plus se char-
ger de Marchandises qu'on trouvoit dans Roüen , d'une meilleure
qualité , & à un prix bien plus avantageux : A l'égard de l'interpellation faite par les Bonnetiers audit Sieur Moreau , de passer
une déclaration positive , sur la qualité de six paires de Bas de
soye , qu'une Dame Brillet sœur de la femme Thorin a achetez ,
& dont elle a eu la hardiesse de se faire délivrer une facture , sous
le nom de la Dame de Thibouville , il n'est point de trait qui fasse
mieux connoître l'indignité des poursuites desdits Bonnetiers ; en
premier lieu , cette interpellation faite par les Parties , n'a pas le
moindre rapport à l'énoncé de leur Requête ; c'est donc un Inci-
dent qui a dû être formé , soit par Requête , soit par une demande en régle ; en second lieu , pour juger si ces six paires de Bas de
soye doivent être confisquez , sur le raport des Gardes Bonnetiers , il faudroit admettre qu'ils eussent un droit de visite sur les
Ouvrages au Métier ; & par conséquent , que les fabriquans eussent aussi un pareil droit de visite sur les Ouvrages de Bonneterie
& au Tricot , chaque Communauté devant se conserver dans ses
Priviléges ; & cette question étant actuellement apointée entre les
deux Communautez , il y auroit de la contradiction dans les Sentences du Siége , s'il se portoit à ordonner la confiscation des six
paires de Bas qu'on n'a pas honte de representer : Enfin les Maîtres Bonnetiers ayant soûtenu que les plombs peuvent être changez , dans différens Procès qu'ils ont eus contre les Fabriquans ;
puisqu'ils sont capables de mettre en usage un faux nom , pour se
faire donner une facture , peuvent-ils jamais soûtenir une contravention aux Réglemens , au sujet d'une Marchandise qui est im-

poſſible audit Moreau de reconnoître ? Pourquoi il ſoûtient qu'il ſera déchargé de l'Action deſdits Bonnetiers ; faiſant droit ſur la demande incidente , qu'ils feront condamnez en mille livres d'intérêts d'indûë vexation , & aux dépens. Surquoi , oüi Germain Avocat du Roy , en ſes Concluſions verbales ;

IL EST DIT , oüi le Procureur du Roy , les Parties de Declere reçûës opoſantes à l'Ordonnance du 25 Juin dernier , obtenuë par la Partie d'Hamelin ; faiſant droit ſur l'opoſition , ladite Ordonnance raportée comme ſurpriſe ; défenſes audit Moreau de faire imprimer , afficher , ni diſtribuer aucuns Billets , ſous les peines au cas appartenant , & condamné aux dépens. Et ſera la Preſente lûë , publiée & affichée où il apartiendra ; leſquels dépens ont été moderez & taxez à la ſomme de Cent vingt-une livres ſix ſols deux deniers. A laquelle fin , mandé au premier Huiſſier ou Sergent Royal ſur ce requis , mettre la Preſente à dûë & entiere éxécution , de la part deſdits Gardes Bonnetiers. Donné comme deſſus.

Signez, BILLARD, & LERNAULT , avec paraphes. Scellé & archivé.

Le 19 Décembre 1735. la Sentence ci-deſſus ſignifiée à la Requête de Me Lcboüe Procureur des Marchands Bonnetiers , à Me Hecquard Procureur dudit Moreau , par le miniſtere de Lemieux Huiſſier.

Et le 20 deſdits mois & an , ſignification faite d'icelle , à la Requête deſdits Maîtres & Gardes Marchands Bonnetiers , au domicile dudit Moreau , aux déclarations y portées , par le miniſtere de Me Moriſſet Huiſſier de la Chancellerie.

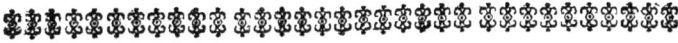

SENTENCE

Qui ordonne de payer un fol par douzaine de toutes les Marchandi-
ſes de Bonneterie à l'Eguille & au Métier , qui viennent au
Bureau deſdits Marchands Bonnetiers.

De l'an 1737.

L 'AN de Grace mil ſept cens trente-ſept , le Mardy
quinziéme jour de Janvier : Devant Nous JACQUES
BILLARD DE NAINVILLE , Ecuyer , Conſeiller
du Roi , Lieutenant-Général de Police , au Bailliage
Ville & Vicomté de Roüen. Sur la Requête préſentée par les
Maîtres & Gardes de l'Etat de Marchands Bonnetiers , en
cette Ville , Fauxbourgs & Banlieuë , expoſitive qu'ils ont
obtenu des Statuts , & Réglemens de Sa Majeſté , dans leur
Communauté , leſquels ont été Regiſtrés & homologués en la
Cour ; pareillement Regiſtrés en notre Greffe , ſuivant notre
Sentence du 4. Juillet dernier , par l'Article XIX. deſquels
Statuts il eſt porté entr'autres , qu'il ſera payé pour la viſite
faite de Bureau , Magaſinage & Garde du Concierge , un
ſol pour douzaine de chaque ſorte d'Ouvrage de Bonneterie ,
tant á l'Eguille qu'au Métier : il réſulte de cet Article , que
toutes les Marchandiſes qui viennent en cette Ville , de quelques eſpeces qu'elles ſoient , ſoit pour le compte particulier
des Marchands Bonnetiers qui les font venir pour leur compte
& par les Forains , qui les font aporter pour être par eux venduës auſdits Marchands ; doivent être portées au Bureau
deſdits Maîtres & Gardes , pour y être vûës & viſitées , & être
payé un ſol par douzaine , de chaque eſpece de Marchandiſes : Surquoi leſdits Demandeurs s'étant aſſemblés en général
le troiſiéme jour de Décembre dernier , ſur la Repréſentation
qui leur fut faite par les Gardes en Charge , des dettes &
charges de la Communauté , auroient d'une voix unani-

Q

me délibéré , que toutes les Marchandises qui leurs seroient
envoyées pour leur compte , seroient portées au Bureau , &
payeroient le sol par douzaine de Marchandises , pour le
produit dudit sol , être employé à payer les rentes & charges de ladite Communauté , & au cas de contravention , con-
sentoient être condamnez en cinquante livres d'amende , comme aussi auroit été délibéré que les Gardes étoient autorisés
de payer des gaiges & honoraires de ceux dont ils seroient
obligés de se servir , pour avoir la découverte des fraudes qui
pourroient être faites , & pourroient lever tous les mois un
Extrait au Grand Octroy , & aux autres de toutes les Portes
de la Ville , des Marchandises de Bonneterie , qui ont entré
pendant le mois précédent , & de convoquer tous les mois
assemblée du Conseil , pour y être representées les dettes ex-
traites , & au cas que les sommes qui seroient payées audit
Bureau , pour les Marchandises , ne puissent satisfaire à
payer les dettes & charges de ladite Communauté,il seroit fait
une répartition par tête , sur lesdits Marchands Bonnetiers ,
à l'exception d'une classe particuliére pour ceux du Corps
qui sont pauvres , & par autre délibération , ensuite de celle-
ci-dessus , en datte du huitiéme de ce mois , ladite Communauté auroit pareillement délibéré en confirmant la Délibération du troisiéme Décembre dernier , que tous les Marchands
Bonnetiers qui ont des Foules chez eux , payeroient par chaque Foule cent sols par an , à commencer le premier Décembre de chaque année ès mains du Garde comptable , lesdites
deux Délibérations dûëment Contrôlées le neuf de ce mois ,
par de l'Homme , & comme lesdits Maîtres & Gardes ont
intérêt que lesdites Délibérations soient éxécutées : ils auroient été conseillés de Nous presenter ladite Requête , tendante à ce qu'il Nous plût , du consentement du Procureur
du Roy , ordonner que lesdites deux Délibérations attachées
à icelle Requête , seroient Regiftrées ès Regiftres de notre
Greffe , que icelles seroient éxécutées dans ladite Communauté , en leur contenu : ce faisant que toutes les Marchandises de Bonneterie , tant à l'Eguille qu'au Métier , qui vien-

dront en cette Ville , foit pour le compte des Marchands , ou pour être venduës par les Forains , feroient aportées & déchargées au Bureau defdits Demandeurs pour être vifitées , & avant l'ouverture de chaque Balle , Ballot , ou Pacquet. Lefdits . Marchands Bonnetiers feroient tenus de décla- rer le nombre de douzaines de Marchandifes qui feroient dans iceux , & en cas de fauffes déclarations , de contraven- tions par aucuns defdits Marchands , être condamnés en cin- quante livres d'amende , & que le fol par douzaine de cha- que fortes de Marchandifes , feroit payé par lefdits Mar- chands ; Qu'il feroit auffi payé par lefdits Marchands , par chaque Foule qu'ils ont chez eux , cent fols par an , payables au premier Décembre de chaque année , à commencer au premier Décembre prochain , qu'au cas que les fommes qui proviendroient du fol par douzaine de Marchandifes , & cent fols par chaque Foule , ne foient fuffifants , qu'il feroit fait ré- partition par tête , à l'exception d'une claffe particuliere pour ceux du Corps qui font pauvres , que les Gardes de chaque année feroient autorifés de donner gages & honoraires à ceux dont ils feroient obligés de fe fervir , pour la découverte des fraudeurs , & de lever des Extraits tous les mois au Grand Octroy , & aux Portes de la Ville des Marchandifes de Bonne- terie , qui auroient entré , & de faire affemblée du Confeil tous les mois , pour y être repréfenté & décidé , ce qui feroit nécef- faire. Vû ladite Requête , fignée defdits Gardes , & de Maî- tre le Houé , Procureur de ladite Communauté. Notre Or- donnance du douze de ce mois , étant enfuite d'être icelle , & lefdites Délibérations communiquées au Procureur du Roy , lefdites Délibérations devant dattées defquelles la teneur en- fuit. Le trois Décembre mil fept cens trente-fix , Affemblée Générale a été faite fuivant l'ufage ordinaire , a été repréfenté par noûs Gardes en Charge , que quoique par l'Affemblée Générale du dix May mil fept cens trente-cinq , tous les Mar- chands Bonnetiers s'étoient obligés de fe conformer aux Sta- tuts & Réglemens , en faifant venir les Marchandifes de Bon- neterie au Bureau , pour y être vifitées & en payer les droits ,

Q ij

que cependant plufieurs n'en font prefque venir & les font entrer chez eux , pour les fouftraire à la vifite , & ne point payer
les droits ; que les autres ne font Déclaration que de la moitié
de ce qui eft dans les Balles , ce qui eft connu dans la vifite qui
s'en fait , ce qui eft caufe que le produit des Marchandifes qui
viennent au Bureau, eft de fi peu de conféquence, qu'il ne peut
aporter aucun foulagement , ni ne peut fatisfaire à payer les
rentes , & les charges dont le Corps eft chargé. C'eft pourquoi a été requis que par cette Délibération , tous les Marchands s'obligent de faire venir leurs Marchandifes au Bureau,
pour y fubir la vifite , & en payer les droits ; & feront obligés
avant la vifite de donner une jufte Déclaration du nombre des
douzaines de Marchandifes qui feront dans chaque Balle , Ballot , ou Pacquet ; le tout pour l'entiere exécution d'iceux :
Nous autorifons les Gardes en Charge de prefenter leur Requête à Monfieur le Lieutenant-Général de Police , au nom
de la Communauté : & par ladite Requête demander que chaque Marchand Bonnetier , qui fouftraira fa Marchandife au
Bureau , ou qui donnera de fauffes Déclarations, fera condamné en cinquante livres d'amende , à laquelle fomme
Nous convenons d'être condamnés , & que nous payerons fuivant nofdits , Statuts & Réglemens , un fol par douzaine ,
tant pour Bas , que Bonnets , & autres fortes de Marchandifes
de Bonneterie , de quelque nature quelle puiffe être , tant à
l'Eguille qu'au Métier , & ce, pour fatisfaire au payement des
rentes & engagemens dont le Corps eft chargé;& autorifons les
Gardes en Charge de païer des gages & honoraires à ceux dont
ils feront obligés de fe fervir,pour avoir la découverte des fraudes & pourront auffi lever tous les mois un Extrait au Grand
Octroy , & aux autres de toutes les Portes de la Ville des Marchandifes de Bonneterie , qui auront entré pendant le mois
précédent , & convoquer tous les mois une Affemblée du
Confeil , pour y être reprefenté & être décidé ce qu'il fera à
propos de faire , & au cas que les fommes qui feront payées
pour les Marchandifes , ne puiffent pas fatisfaire à acquitter
les dettes & charges dudit Corps : il fera fait une répar-

tition par tête , à l'exception d'une claſſe particuliere qui ſera
faite pour ceux du Corps qui ſont pauvres ; fait & arrêté ,
comme deſſus : Signez L. Thorin , M. Blambureau , J. B. Dubourg , Michel Bourſier , Alexandre l'Evêque , Joſeph le
Monnier , Prével , Mauger , Engren le Jeune , Ger-
main-Gabriel Thorin , Queſnay , le Monnier fils , Riviere,
Benard , Jean-Baptiſte Thorin fils , le Houé , J. F. Giot,
le Grand , François Langlois , Robert Hye , Delabarre , le
Verdier , George Blambureau , & Robert le Monnier : avec
Paraphe : Contrôlé à Roüen le neuf Janvier mil ſept cens
trente-ſept , reçû douze ſols , Signé de l'Homme , avec paraphe.

Du huitiéme jour de Janvier mil ſept cens trente-ſept , Aſſemblée Générale ayant été faite à l'uſage ordinaire : Le Clerc
ayant atteſté avoir fait la ſemonce chez tous les Marchands de
la Communauté ; il a été repreſenté par les Gardes en Charge
de l'Etat de Marchands Bonnetiers , que ſuivant la Délibération du troiſiéme Décembre dernier : tous les Marchands Bonnetiers ſeront obligés de faire venir conformément à leurs
Statuts , toutes les Marchandiſes de Bonneterie dans leur Bureau , & de payer un ſol par douzaine pour acquitter les
dettes , & ſatisfaire aux dépenſes que le Corps de la Bonneterie , a été , & eſt encore obligé de faire ; mais que y ayant dans
ledit Corps pluſieurs Marchands qui joüiſſent du Commerce
de la Bonneterie par leur foule , & ne font point venir , ou
très-peu de Marchandiſes dans le Bureau , & que par conſé-
quent il ne ſeroit pas juſte que les uns payaſſent beaucoup , &
les autres preſque rien , & vû que c'eſt le Corps de la Bonneterie , qui eſt chargé de toutes les rentes , & que les frais
qu'on eſt obligé de faire ſont pour le bien commun : il eſt juſte & néceſſaire que tous les Marchands ſupléent ſuivant leur
Commerce ; ſur leſdites remontrances , Nous Aſſemblées
avons délibéré & arrêté que conformément à la Délibération
du troiſiéme Décembre mil ſept cens trente-ſix , tous les Marchands payeront un ſol par douzaine de toutes les Marchandiſes qui ſeront viſitées dans le Bureau , & que ceux qui joui-

ront du Commerce de la Bonneterie par leur Foule, & qui ont des Foules chez eux, payeront par chacun an, & pour chaque Foule la fomme de cinq livres, à commencer le premier payement, le premier Décembre de cette année, & continuer tant que befoin fera, fauf à augmenter ou diminuer fuivant l'exigence des cas, & à fe conformer à l'égard des pauvres, à la Délibération du troifiéme Décembre mil fept cens trente-fix : ce que nous avons arrêté & délibéré le même jour & an que deffus. *Signez*, L. Thorin, Delabarre, B. Dubourg, Bourfier, D. L. Engren, Robert le Monnier, S. D. Thorin fils, Eftienne Mauger, D. R. du Puits, Renault, Engren, le Febvre, d'Eroques, B. Benard, Robert Hye, J. B. Tabur, le Grand, le Houé, Quefnay, l'Evêque, Engren le jeune, Jofeph le Monnier, & François Langlois : *avec Paraphe*, Contrôlé à Roüen le neuf Janvier mil fept cens trente-fept, reçû douze fols, *Signé*, de l'Homme : *avec Paraphe*. Conclufions étant au bas de ladite Requête, portant qu'il n'empêche les fins d'icelle, auffi dudit jour, douze de ce mois, dont du tout Lecture faite. NOUS AVONS du confentement du Procureur du Roi, ordonné que les deux Délibérations des Marchands Bonnetiers de cette Ville, Fauxbourgs & Banlieuë, des trois Décembre dernier, & huit de ce mois, feront Regiftrées ès Regiftres du Greffe de ce Siége, pour être exécutées felon leur forme & teneur. Ce faifant, enjoint aufdits Marchands Bonnetiers de faire porter & décharger au Bureau de ladite Communauté, toutes les Marchandifes de Bonneterie, tant à l'Eguille qu'au Métier qui viendront en cette Ville ; foit pour le compte defdits Marchands, ou pour être venduës par les Forains, & avant l'ouverture de chaque Balle, Ballot, ou Pacquet, lefdits Marchands Bonnetiers feront tenus de déclarer le nombre de douzaine de Marchandifes qui feront dans iceux, à peine de cinquante livres d'amende, en cas de fauffe déclaration, où de contravention par aucuns defdits Marchands, & en laquelle ils feront condamnés : qu'il fera payé un fol par douzaine de chaque forte de Marchandife, fera auffi payé par lefdits Marchands ', par chaque Foule qu'ils ont chez eux cent fols par an , à commencer au premier Décembre prochain ; parce qu'en cas que les fommes qui proviendront dudit fol par douzaine de Marchandifes , & cent fols pour chaque Foule ne foient fuffifantes pour acquitter les charges de ladite Communauté ; il fera fait répartition par tête , à l'exception d'une claffe particuliere pour ceux de ladite Communauté , qui feront pauvres , les Gardes de ladite Communauté , autorifés de donner des gages & honoraires à ceux dont ils feront obligés de fe fervir , pour découvrir les fraudes & de lever des Extraits tous les mois , tant au Grand Octroi , qu'à ceux des Portes de la Ville , des Marchandifes de Bonneterie qui y auront entré , & de faire des Affemblées du Confeil tous les mois , pour y être reprefenté , & être décidé ce qui fera néceffaire , à laquelle fin la prefente fera pareillement Regiftrée fur le Livre des Délibérations de ladite Communauté , laquelle a été délivrée aufdits Gardes de leur Réquifition , donné comme deffus.

Signez, ɃILLARD , *&* GUERARD, *avec Paraphe : & Scellé à Roüen le* ɜ6 *Janvier* 1737. *Reçû trente fols. Signé* L'HOMME . *avec Paraphe.*

❀❀❀❀❀❀❀❀❀❀❀❀❀❀❀❀❀❀❀❀❀❀❀❀❀❀❀❀❀❀❀❀

ARREST DU CONSEIL ,

QUI DEBOUTE LES FABRIQUANS de Bas au Métier , d'une Requête prefentée par Eux au Confeil contre lefdits Arrêts , & Arrêt de la Cour du Parlement , du 11 *May* 1736.

Du 13 Août 1737.

EXTRAIT DES REGISTRES DU CONSEIL D'ETAT.

SUR LA REQUESTE PRESENTE'E AU ROI EN SON Confeil par les Maîtres Fabriquans de Bas , & autres Ouvrages de Bonneterie au Métier , de la Ville de Roüen : Contenant qu'en mil fept cens trente-quatre , les Bonnetiers de Roüen ont prefenté de nouveaux Statuts , pour être autorifez par Lettres-Patentes , dans lefquels ils ont pris la qualité de Marchands Bonnetiers , au lieu de leur véritable qualité , qui eft celle de Maîtres Bonnetiers au Tricot : Telle qu'ils l'avoient lors de leurs premiers Statuts , de l'année mil quatre cens cinquante : que pour en ôter la connoiffance à la Communauté des Maîtres Fabriquans de Bas au Métier de Roüen , qui n'auroient pas manqué de s'opofer à cette entre-prife ; Ils ont obtenu à leur infçû des Lettres-Patentes du mois de Mai mil fept cens trente-quatre , qui ont autorifé lefdits Statuts , & les ont fait Enregiftrer au Parlement de Roüen , fans que les Fabriquans de Bas au Métier en ayent eû commu-nication ni connoiffance : enforte qu'ils n'ont pû s'opofer à cet Enregiftrement , qu'après qu'il a été fait , & que fur l'opofi-tion qu'ils y ont formé au mois de Mars mil fept cens trente-cinq , auffi-bien qu'aux Articles XVII. XVIII. XIX. & XX. defdits Statuts. Ils en ont été déboutés par Arrêt du Parlement de Roüen , du onze Mai mil fept cens trente-fix : Qu'ainfi il ne leur refte d'autre reffource que de fe pourvoir près de Sa Majefté , pour Qu'elle ait la bonté de leur rendre la Juftice qui leur eft duë , contre la furprife faite par les Bonnetiers , lors de l'obtention de leurs Statuts & Lettres-Patentes : Que c'eft fans droit ni titre que les Bonnetiers fe font arrogés la qualité de Marchands, dans les nouveaux Statuts qu'ils ont ob-tenu , que de tout tems il n'y a eû à Roüen que des Bonnetiers Tricoteurs , fimples Artifans , qui avoient en même-tems la qualité de Mitainiers , Aumuffiers , Chapeliers , fuivant leurs Statuts de l'année mil quatre cens cinquante , qui le juftifient , qu'il n'y a jamais eû dans cette Ville , comme à Paris , deux Corps différens de Bonnetiers , dont l'un fût de Bonnetiers-Tricoteurs , & l'autre de Marchands Bonnetiers : Que les Bon-netiers de Roüen ne fçauroient raporter aucuns titres autenti-ques & valables , qui les ayent érigés en Corps de Marchands ; que quoique la qualité de Marchands leur ait été accordée par leurs nouveaux Statuts , comme elle ne leur eft pas acqui-fe de droit , & qu'ils ont ufé de furprife pour l'obtenir , les Fabriquans de Bas au Métier , aufquels cette qualification fe trouve préjudiciable , font bien fondés à reclamer contre cette

furprife ,

furprife , & à demander qu'il leur foit fait deffenfes de la prendre à l'avenir ; que le préjudice qu'ils en fouffrent , con-fifte en ce qu'à la faveur de cette fauffe qualité defdits Maîtres Bonnetiers au Tricot, fe font attribués à eux feuls par les Arti-cles XVII. XVIII. XIX. & XX. de leurs nouveaux Statuts. Le Commerce & la vifite des Ouvrages de Bonneterie au Métier , dont ils font formellement exclus par tous les Réglemens & Ar-rêts , concernant la Fabrique defdits Ouvrages , & qui font ré-fervez aux feuls Marchands Bonnetiers , & aux Maîtres Fa-briquans ; que l'Article XVII. porte, que les Marchandifes de Bonneterie à l'Eguille ou au Métier , de quelque qualité qu'elles foient , qui feront aportées dans la Ville de Rouen , feront portées au Bureau des Bonnetiers , pour y être vifitée, &c. que cet Article étoit en regle pour les Marchandifes de Bonneterie à l'Eguille ou au Tricot ; mais que c'eft une furprife puniffable de la part des Bonnetiers, d'y avoir ajoûté ces mots : *Et au Métier,* parce que n'étant que fimples Maîtres Bonnetiers au Tricot, il leur eft expreffément deffendu par l'Article XXXIII. du Ré-glement général pour la Fabrique des Bas & autres Ouvra-ges de Bonneterie au Métier , du trente Mars mil fept cens , d'entreprendre fur les Maîtres Fabriquans , d'Ouvrages de Bonneterie au Métier : Qu'ainfi il eft indifpenfablement né-ceffaire de réformer ledit Article XVII. & d'en retrancher les Marchandifes de Bonneterie au Métier , pour n'y laiffer fub-fifter que celles à l'Eguille , ou au Tricot. Que l'Article XVIII. qui concerne la vifite qui doit être faite defdites Marchandifes de Bonneterie , qui feront aportées au Bureau des Bonnetiers , doit de même être réformé , puifque dès qu'il eft prouvé qu'ils ne font pas Marchands , mais feulement Maîtres Tricoteurs , & qu'ils n'ont pas droit de faire le Commerce des Ouvrages de Bonneterie au Métier : il s'enfuit néceffairement que la vifite defdits Ouvrages ne doit pas être faite dans leur Bureau , ni par leurs Jurez ; mais feulement celle des Ouvrages à l'Eguille ou au Tricot. Qu'à l'égard de l'Article XIX. qui porte que les Marchands Forains pourront expofer en vente leurs Marchan-difes de Bonneterie aux feuls Maîtres Bonnetiers , & dans leur

R

Bureau feulement : Il doit par les mêmes raifons être réformé
de la même maniere que les Articles XVII. & XVIII , & les
Bonnetiers réduits au feul Commerce des Ouvrages de Bonneterie à l'Eguille ou au Tricot : Qu'enfin l'Article XX, qui at-
tribue aux Maîtres Bonnetiers la faculté , & le droit de
vendre toutes fortes de Marchandifes de Bonneterie en détail ,
doit pareillement être réformé & reftraint à la vente des feuls
Ouvrages de Bonneterie à l'Eguille , ou au Tricot. A c e s
c a u s e s : Requeroient les Supliants qu'il plût à Sa Majefté
en interpretant les Lettres-Patentes du mois de Mai mil fept
cens trente-quatre : Confirmatives des Statuts des Maîtres
Bonnetiers au Tricot , de la Ville de Roüen ; & fans s'arrêter
aux Arrêts du Parlement de Roüen , des vingt Mai de la même année , huit Mars mil fept cens trente-cinq , & onze Mai
mil fept cens trente-fix : portant Enregiftrement defdits Statuts & Lettres-Patentes , ni aux Articles XVII. XVIII. XIX.
& XX. defdits Statuts , en ce qui y préjudicie aux Supliants ,
faire deffenfe aufdits Maîtres Bonnetiers au Tricot , de prendre la qualité de Marchands Bonnetiers , ni fe fupofer être un
des fix Corps des Marchands , à l'inftar de ceux de Paris , ou
autrement; & d'en exercer les droits , ni d'en faire aucune fonc-
tion fous telle peine qu'il plaira à Sa Majefté. En conféquence ,
ordonner que les Articles XVII. XVIII. XIX. & XX. des Statuts defdits Maîtres Bonnetiers feront réformés ; ainfi & de la
maniere qu'il fera jugé à propos. VEU ladite Requête, les Articles XVII. XVIII. XIX. & XX. des Statuts des Marchands
Bonnetiers de la Ville de Roüen , autorifez par Lettres-Patentes du mois de Mai mil fept cens trente-quatre , les Arrêts du
Parlement de Roüen dès vingt Mai mil fept cens trente-quatre , huit Mars mil fept cens trente-cinq , & onze Mai mil fept
cens trente-fix : portant Enregiftrement defdits Statuts &
Lettres-Patentes , autres Pieces jointes , enfemble l'Avis des
Députez du Commerce.

Oüi le raport du Sieur ORRY , Confeiller d'Etat & ordinaire au Confeil Royal , Contrôleur Général des Finances :

LE ROI EN SON CONSEIL , a débouté & déboute
les Maîtres Fabriquants de Bas, & autres Ouvrages de Bonneterie au Métier de la Ville de Roüen , de leur Requête. Fait
au Conseil d'Etat du Roi , tenu à Versailles le treize Aouft mil
sept cens trente-sept.　　*Collationné* ,

Signé , G U Y O T.

DU 13 AOUST 1737.

LOUIS , par la grace de Dieu , Roi de France & de Navarre : Au premier notre Huiffier ou Sergent fur ce requis. Nous te mandons & commandons, que l'Arrêt dont l'Extrait eft ci-attaché , fous le contre-fcel de notre Chancellerie ;
cejourd'hui rendu en notre Confeil d'Etat , fur la Requête à
Nous prefentée en icelui , par les Maîtres Fabriquans de Bas ,
& autres Ouvrages de Bonneterie , au Métier , de la Ville de
Roüen : tu fignifie à tous qu'il apartiendra , à ce qu'aucun
n'en ignore , & fais en outre pour l'entiere éxécution dudit
Arrêt , à la Requête des Marchands Bonnetiers de ladite Ville
de Roüen : Y dénommez tous Commandemens , Sommations
& autres Actes , & Exploits requis & néceffaires , fans autre
permiffion ; Nonobftant Clameur de Haros , Chartes Normande , & autres Lettres à ce contraire. C A R tel eft notre
Plaifir : D O N N E' à Verfailles le treiziéme jour d'Aouft ,
l'An de grace mil fept cens trente-fept : Et de notre Régne le
vingt-deuxiéme. PAR LE ROY EN SON CONSEIL.

Signé , G U Y O T.

Scellé le **23** *Août* 1737.

DU 3 SEPTEMBRE 1737.

JACQUES MICHEL MORISSET , Huiffier du Roi en fa
Chancellerie du Parlement de Roüen , y demeurant ruë &
Paroiffe faint Lo , fouffigné ce troifiéme Septembre mil fept

R ij

cens trente-fept, à la Requête des Maîtres & Gardes de l'Etat des Marchands Bonnetiers de la Ville & Banlieuë de Roüen. Stipulés & repreſentés par le ſieur Engran un d'içeux, demeu-rant ruë des Bonnetiers, Paroiſſe de ſaint Etienne la Grande-Egliſe, où Domicile eſt élu, aux fins du preſent ſeulement. J'ai le contenu en un Arrêt du Conſeil rendu ſur la Requête des Fabriquans de Bas au Métier; par lequel le Roi en ſon Conſeil, a débouté & déboute leſdits Maîtres Fabriquans de leur Requête, en datte du 13 Aouſt dernier. Ainſi que d'un Paréatis, obtenu ſur ledit Arrêt en datte dudit jour dûment, Signé, Scellé, & en forme, y recours, bien & édûment montré, Signifié, & fait ſçavoir aux Maîtres Jurez Fabriquans de Bas au Métier de cette Ville de Roüen : au Domicile du Sieur Dubreuil, un d'iceux Juré en Charge, demeurant rue Bour-labé, Paroiſſe ſaint Nicaiſe; en parlant à la femme dudit ſieur Dubreuil, & Domicile après midi, chargé de lë faire ſçavoir à ladite Communauté : A ce qu'ils n'en ignorent, & ayent à ſe conformer au contenu de l'Arrêt du Conſeil ci-deſſus datté : Dont Acte & délivré Copie dudit Arrêt du Conſeil, & Paréa-tis, & du preſent Exploit.

Signé MORISSET.

Contrôlé à Roüen, *ce 5 Septembre* 1737.

Signé, DEL'HOMME.

ARREST
DU CONSEIL D'ESTAT
DU ROY,
Du 4. Février 1738.

QUI ORDONNE AUX MARCHANDS MERCIERS
de la Ville de Roüen, de ne vendre aucune Marchandife de Bon-
neterie, de Laine, Soye, Fleuret, Fil, Coton, Poil, Caftor, &
autres, en détail ; mais feulement par fixain entier & fous corde,
plombée de la marque du Bureau des Marchands Bonnetiers.

Qui ordonne pareillement aux Marchands Merciers de Roüen, qui feront
venir dans ladite Ville des Marchandifes de Bonneterie, feront tenus de
les faire mettre dans des Paquets, ou Caiffes féparées, fans mélange
d'autres Marchandifes, avec cette Infcription : BONNETERIE ;
comme auffi qu'ils feront tenus de même que tous Meffagers, Voituriers,
de faire porter directement les Ballots, Paquets, & Caiffes à leur arri-
vée à Roüen, dans le Bureau des Marchands Bonnetiers, pour y être
vûs & vifitez, & marquez ; que chaque fixain des Marchandifes de
Bonneterie qui viendront pour le compte des Merciers, pour être ven-
dus à Roüen, feront à l'avenir par lefdits Gardes Marchands Bonne-
tiers, traverfez d'un fil à l'extrêmité, auquel fil ils apliqueront un
plomb portant l'emprainte de leur Bureau : Ordonne pareillement, Sa
Majefté, que les Marchandifes de Bonneterie qui font actuellement dans
les Boutiques, Magazins des Merciers, feront aportées par fixains au
Bureau des Marchands Bonnetiers, dans huitaine de la fignification du
préfent Arrêt, pour y être ainfi plombées.

EXTRAIT DES REGISTRES DU CONSEIL D'ESTAT.

VEU au Confeil d'Etat du Roi, les Requêtes & Mémoires refpectivement préfentez en icelui, & pardevant le fieur de la Bourdonnaye, Intendant &
Commiffaire Départi en la Généralité de Rouen,
par les Gardes du Corps & Communauté des Marchands Bonnetiers de la Ville de Rouen, d'une part ; & les Maîtres &

S iij

Gardes des Marchands Merciers-Jouailliers & Corps unis de
de la même Ville , d'autre : La premiere Requête préfentée
par lefdits Marchands Bonnetiers , tendante à ce que pour
les caufes y contenuës , il plût à Sa Majefté ordonner , que
l'Arreft du Confeil d'Etat du 11 Janvier 1735 , & les Lettres-Patentes accordées fur icelui le vingt-fix des mêmes mois
& an , dûëment Enregiftrées au Parlement de Roüen le huitiéme Mars fuivant , feroient exécutez fuivant leur forme &
teneur ; & en conféquence , & pour faciliter & affermir l'é-
xécution dudit Arreft , permettre aux Gardes du Corps des
Marchands Bonnetiers , de traverfer d'un fil l'extrêmité de
chacun des fixains de Bonneterie qui viendront pour le compte
des Marchands Merciers , & d'apliquer audit fil un plomb
portant l'empreinte de leur Bureau , aux offres de le faire
gratuitement & fans frais , & pour ôter aux Marchands Merciers les occafions de fouftraire à la vifite les Marchandifes de
Bonneterie qu'ils font venir ; leur enjoindre de mettre les
Marchandifes de Bonneterie qu'ils feront entrer dans la Ville
de Roüen , dans un pacquet ou caiffe féparée , & fans confufion d'autre Marchandife , avec cette foufcription : BONNE-
TERIE , & ce , fous peine de faifie & confifcation des Caiffes
ou Balots , qui renfermeroient de la Bonneterie fans Infcription , & telles autres peines qu'il plairoit au Confeil ordonner :
permettre aux Gardes Bonnetiers de faire publier & afficher
l'Arreft qui interviendroit , les Mémoires defdits Maîtres Gardes des Marchands Merciers , fervant de réponfe à ladite Requête , par le premier defquels ils auroient confenti , en tant
qu'il y auroit des Merciers qui feroient Commerce de la Bonneterie , de la faire venir dans des paquets féparée , fur lefquels il feroit mis pour les indiquer l'Infcription de BONNE-
TERIE , pourvû que la vifite qui s'en feroit , ainfi que de
celle qui feroit aportée par les Forains , fut faite en prefence
des Gardes defdits Merciers , & auroient néanmoins demandé
qu'il fut furcis à prononcer fur la demande des Bonnetiers ,
jufqu'au tems qu'il feroit ftatué fur le projet de leurs Statuts
par eux prefentez au Confeil ; fi mieux Sa Majefté n'aimoit

rejetter dés-à-prefent la demande defdits Bonnetiers, les Mémoires defdits Bonnetiers fervans de réponfe à ceux defdits
Merciers ; les repliques & Mémoires de ces derniers , par lefquels ils fe foumettent , fi le Confeil le jugeoit ainfi , à ne
point faire le commerce en détail des Ouvrages de Bonneterie , foit de Soye , Fil , Coton , ou d'Eftames , foit qu'ils vin-
fent de dehors , ou des fabriques de France , fe propofant
d'avoir foin dans le projet des Statuts qu'ils avoient prefentés ,
d'excepter précifément la Bonneterie de quelque nature qu'elle
fut des Marchandifes dont le détail leur apartient , à l'exception néanmoins d'une quantité de petits ouvrages au Métier
& au Tricot , en Soye , Fil & Coton , qui ne fervent ni à
coëffer , ni à chauffer les hommes & les femmes , qui font
tous ouvrages de pure Mercerie , tels que les Bourfes , Ceintures , Palatines , Mitaines , Mittons , Mantilles ou Mantelets , Veftes , Camifoles , & autres ouvrages inventez ou à in-
venter ; le dernier Mémoire defdits Bonnetiers , contenant
leur déclaration , qu'ils ne vendent ni Bourfes , Ceintures ,
Palatines , ni Jartieres , ni Mantelets , & que tous ces ouvrages étant faits au Boiffeau ou à la Navette , ils n'y préten-
droient rien ; leur Commerce n'ayant pour objet , que les ouvrages fabriquez au Métier , ou Tricotés à l'Eguille , comme
les Bas , les Bonnets , les Gands , les Mitaines , les Mitons , les
Veftes , les Camifoles , & autres ouvrages que font les fabriquans fur le Métier , ou qui fe font au Tricot , fondez fur
l'Article XX. de leurs Statuts , qui leur accorde le détail exclufif de toutes les Marchandifes de Bonneterie de Laine ,
Soye , Fleuret , Fil , & Coton , Poil , Caftor , & autres : Vû
auffi les Statuts defdits Bonnetiers de l'année 1734 , par lefquels , Article XVII. il eft porté que toutes fortes de Marchandifes de Bonneterie faites à l'Eguille & au Métier , qui
feront aportées dans la Ville de Roüen par les Marchands Forains ou Etrangers , & par tous Voituriers , Maîtres de Meffageries & Colporteurs , foit en paffe-debout , foit pour ladite
Ville , feront portées & déchargées directement au Bureau des
Marchands Bonnetiers , fans pouvoir être déchargées ni dé-

poſées ailleurs : l'Article XVIII. par lequel il eſt ordonné que la Viſite deſdites Marchandiſes ſera faite au Bureau des Bonnetiers , conjointement par les Gardes en Charge de ladite Communauté , & par deux Jurez des fabriquans de Bas au Métier de ladite Ville de Roüen ; & l'Article XX. deſdits Statuts qui accorde auſdits Marchands Bonnetiers la vente excluſive en détail de toutes ſortes de Marchandiſes de Bonneterie: L'Arreſt du Conſeil du 11. Janvier 1735. par lequel il auroit été ordonné que les Articles XVII. XVIII. & XX. des Statuts des Marchands Bonnetiers de Roüen, autoriſez par Lettres-Patentes du mois de May 1734. ſeroient exécutées ſuivant leur forme & teneur ; & cependant ayant aucunement égard à ladite Requête des Marchands Merciers -Drapiers de ladite Ville de Roüen, leur auroit permis de vendre des Bas & autres ouvrages de Bonneterie par ſixains entiers & ſous corde ; les Lettres-Patentes expédiées ſur ledit Arreſt le vingt-ſixiéme dudit mois de Janvier , cinq Mémoires quittancez par des Marchands Merciers , de pluſieurs Marchandiſes de Bonneterie vendus en détail , & pieces à pieces à des Particuliers ; l'Arreſt du Parlement de Paris du vingt Août 1575. par lequel entre autre choſe , il eſt permis aux Marchands Merciers ſeulement , de vendre les ouvrages de Bonneterie en ſixains & ſous cordes , comme auſſi d'étaller & débiter tant en gros qu'en détail & piece à piece , les ouvrages de Bonneterie, de Soye , aportée de dehors ; l'Arreſt du Parlement de Roüen du huit Février 1694. par lequel il eſt fait deffenſes aux Merciers de vendre & débiter aucunes Marchandiſes de Bonneterie , autrement que par ſixains & ſous corde : Vû pareillement l'avis du ſieur de la Bourdonnaye , Intendant de la Généralité de Roüen , & ceux des Députez au Conſeil du Commerce : Oüi le Raport du Sieur ORRY , Conſeiller d'Etat & ordinaire au Conſeil Royal , Contrôleur Général des Finances : LE ROY EN SON CONSEIL , a ordonné & ordonne que les Articles XVII. XVIII. & XX. des Status deſdits Marchands Bonnetiers de Roüen, autoriſez par Lettres-Patentes du mois de May 1734. L'Arreſt du Conſeil du onze

Janvier

Janvier 1735. & les Lettres-Patentes expédiées en conféquence le vingt-fixiéme du même mois , feront exécutées fuivant
leur forme & teneur ; & faifant droit fur la demande defdits
Marchands Bonnetiers , a ordonné & ordonne que ceux defdits Marchands Merciers de Rouen , qui feront venir dans ladite Ville des Marchandifes de Bonneterie , feront tenus de les
faire mettre dans des Paquets ou Caiffes féparées , fans mélange d'autres Marchandifes , avec cette Infcription , BON-
NETERIE ; comme auffi qu'ils feront tenus de même que
les Meffagers ou Voituriers , de faire porter directement ces
Paquets ou Caiffes à leur arrivée à Rouen , dans le Bureau
defdits Marchands Bonnetiers , pour y être vûs , vifitées &
marquées par les Gardes defdits Marchands Bonnetiers , fi les
Ouvrages fe trouvent fabriquées & plombées en conformité
des Réglemens , & ce , en préfence des Gardes defdits Marchands Merciers ; & pour affurer d'autant plus l'exécution des
Articles ci-deffus des Statuts defdits Marchands Bonnetiers &
dudit Arreft du Confeil du onze Janvier 1735. Ordonne en
outre , Sa Majefté , que chaques fixains des Marchandifes de
Bonneterie qui viendront pour le compte defdits Merciers ,
pour être vendus à Rouen ; fera à l'avenir par lefdits Gardes des Marchands Bonnetiers , traverfée d'un fil à l'extrêmité , auquel fil ils apliqueront un plomb portant l'emprainte
de leur Bureau , & ce gratuitement & fans frais ; à condition
néanmoins , que fi les fixains qui auront été ainfi plombez ne fe
trouvoient pas affortis convenablement pour la vente , que
lefdits Gardes des Marchands Bonnetiers feront tenus de plomber de nouveau les mêmes fixains , toutefois & quantes qu'ils
en feront requis par lefdits Merciers , auffi gratuitement &
fans frais ; & à l'égard des Marchandifes de Bonneterie qui
font actuellement dans les boutiques & magafins defdits Merciers : Ordonne , Sa Majefté , que dans huitaine , à compter
du jour de la fignification du préfent Arreft , elles feront apportées par fixains au Bureau defdits Marchands Bonnetiers ,
pour y être ainfi plombées : Enjoint , Sa Majefté , audit Sieur
de la Bourdonnaye , Intendant en la Généralité de Rouen ,

T

de tenir la main à l'exécution du prefent Arreſt , ſur lequel
toutes Lettres néceſſaires ſeront expédiées : Fait au Conſeil
d'Etat du Roy , tenu à Verſailles le quatriéme de Février mil
ſept cens trente-huit. Collationné.

Signé , DE VOUGNY.

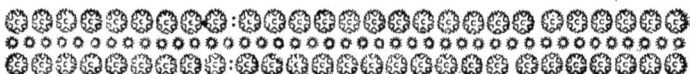

LETTRES-PATENTES
SUR ARREST,
Pour les Marchands Bonnetiers de la Ville de Roüen.

Du premier de Mars mil ſept cens trente-huit.

LOUIS , par la Grace de Dieu , Roy de France & de
Navarre : A nos Amés & Féaux Conſeillers , les Gens
tenans notre Cour de Parlement à Rouen , & autres ,
nos Officiers & Juſticiers qu'il apartiendra : Salut , nos
Amés les Gardes du Corps & Communauté des marchands Bonnetiers de notre Ville de Rouen , deſirant faire exécuter l'Arrêt de notre Conſeil , du onziéme Janvier mil ſept cens trente-
cinq , & les Lettres-Patentes que Nous leur avons accordées
ſur icelui le vingt-ſixiéme du même mois , ſelon leur forme &
teneur ; ſe ſont pourvûs par Requête en notre Conſeil , & ont
demandé pour faciliter & affermir l'exécution dudit Arrêt ,
de leur permettre de traverſer d'un fil à l'extrêmité de chacun
des ſixains de bonneterie , qui viendront pour le compte des
marchands merciers , & d'apliquer au fil un plomb portant
l'empreinte de leur bureau , aux offres de le faire gratuitement & ſans frais; & pour ôter occaſion aux marchands merciers

de fouftraire à la vifite les Marchandifes de Bonneterie qu'ils font venir ; leur enjoindre de mettre les Marchandifes de Bonneterie qu'ils feront entrer dans la Ville de Rouen , dans un paquet ou caiffe féparées & fans confufion d'autre Marchandife , avec la Sufcription : BONNETERIE , & ce fous peine de faifie & confifcation des caiffes ou ballots qui renfermeroient de la Bonneterie fans Sufcription , & de telles autres peines qu'il plairoit à notre Confeil ordonner : Permettre aux Expofans de faire afficher l'Arrêt qui interviendroit , à laquelle Requête les Maîtres & Gardes des Marchands Merciers-Joüailliers & Corps unis de ladite Ville , auroient fourni de réponfe & confenti en tant qu'il y auroit des Merciers qui feroient le Commerce de la Bonneterie , de la faire venir dans des paquets féparées , fur lefquels il feroit mis pour les indiquer , l'Infcription de BONNETERIE , pourvû que la vifite qui s'en feroit ainfi , que de celle qui feroit aportée par les Forains , fut faite en préfence des Gardes defdits Merciers , & auroient néanmoins demandé qu'il fut furcis à prononcer fur la demande des Expofans , jufqu'au tems qu'ils feroient ftatués fur le projet de leurs Statuts par eux prefentez à notre Confeil , & fur les différens Mémoires , Réponfes & Repliques , tant des Expofans que defdits Merciers , & fur le vû des Statuts des Expofans de l'année mil fept cens trente-quatre , & autres pieces produites refpectivement ; eft intervenu Arrêt à notre Confeil le quatriéme Février dernier , par lequel il a été ordonné, que plufieurs Articles des Statuts des Expofans feroient exécutez , & que toutes Lettres néceffaires leurs feroient expédiées , lefquels ils nous ont très-humblement fait fuplier de leur accorder : A ces Caufes , Nous avons conformément audit Arrêt de notre Confeil, du quatriéme Février dernier , dont l'Extrait eft ci-attaché fous le contre-fcel de notre Chancellerie : Ordonné & ordonnons par ces Prefentes fignées de notre main , que les Articles XVII. XVIII. & XX. des Statuts des Expofans, autorifez par nos Lettres-Patentes du mois de May mil fept cens trente-quatre, l'Arrêt de notre Confeil du onze Janvier mil fept cens trente-

T ij

cinq, & nos Lettres-Patentes expédiées en conséquence le vingt-six du même mois, seront exécutées suivant leur forme & teneur ; & faisant droit sur la demande des Exposans, Marchands Bonnetiers : Nous avons ordonné & ordonnons que ceux des Marchands Merciers de Rouen, qui feront venir dans ladite Ville des Marchandises de Bonneterie, seront tenus de les faire mettre dans des paquets ou caisses séparées, sans mélange d'autres Marchandises, avec cette Suscription, BONNETERIE : comme aussi qu'ils seront tenus de même que les Messagers ou Voituriers, de faire porter directement les paquets ou caisses à leur arrivée à Rouen, dans le Bureau des Exposans, Marchands Bonnetiers, pour y être vûs, visitez & marquez par les Gardes des Exposans, si les ouvrages se trouvent fabriquez & plombez, en conformité des Réglemens, & ce, en présence des Gardes desdits Marchands Merciers ; & pour assurer d'autant plus l'exécution des Articles ci-dessus, des Statuts des Exposans, & dudit Arrêt, du onze Janvier mil sept cens trente-cinq. Ordonnons en outre que chaque sixain des Marchandises de Bonneterie qui viendront pour le compte desdits Merciers, pour être vendus à Rouen, sera à l'avenir par lesdits Gardes des Exposans, traversé d'un fil à l'extrêmité auquel ils apliqueront un plomb portant l'emprainte de leur Bureau, & ce gratuitement & sans frais, à condition néanmoins que si les sixains qui auront été ainsi plombez, ne se trouvoient pas assortis convenablement pour la vente, que lesdits Gardes des Exposans seront tenus de plomber de nouveau les mêmes sixains, toutefois & quantés ils en seront requis par lesdits Merciers, aussi gratuitement & sans frais ; & à l'égard des Marchandises de Bonneterie qui sont actuellement dans les boutiques & magasins desdits Merciers : Ordonnons que dans huitaine, à compter du jour de la signification dudit Arrêt, elles seront raportées par sixains au Bureau desdits Exposans, pour y être ainsi plombées : Mandons au Sieur de la Bourdonnaye, Intendant de la Généralité de Rouen, de tenir la main à l'exécution dudit Arrêt.

SI VOUS MANDONS que ces Préfentes vous faffiez enregiftrer , & de leur contenu , jouir & ufer les Expofans plainement & paifiblement , ceffant & faifant ceffer tous troubles & empêchemens contraires : CAR TEL eft notre plaifir. Donné à Verfailles le premier jour du mois de Mars , l'an de Grace mil fept cens trente-huit , & de notre Régne le vingt-troifiéme.

Signé , LOUIS :

Par le ROY, AMELOT.

LEs Lettres-Patentes ont été Regiftrées ès Regiftres de la Cour , pour être exécutées felon leur forme & teneur d'Icelles , fuivant l'Arrêt de la Cour : DONNE' la Grande-Chambre affemblée , ce vingt Mars mil fept cens trente-huit.

Signé , AUZANNET , *avec Paraphe.*

VEU par Nous Intendant de Rouen , le préfent Arrêt & les Lettres-Patentes y jointes & à Nous adreffé : Nous ordonnons qu'il fera exécuté felon fa forme & teneur , fignifié à tous qu'il apartiendra , & publié & affiché dans l'étendüe de notre Département : Fait à Rouen en notre Hôtel , ce vingt-fixiéme Avril mil fept cens trente - huit.

DE LA BOURDONNAYE.

PAR MONSEIGNEUR ,

GYRAULT.

A R R E S T
DU CONSEIL D'ESTAT
DU ROY,

Qui fait défenses à tous Marchands & Artisans de la Ville de Paris, de s'établir dans la Ville de Roüen, sans auparavant y avoir fait Aprentissage, & s'être conformez aux Statuts & Réglemens de la Communauté dans laquelle il voudra entrer.

Du 30 Juillet 1738.

EXTRAIT DES REGISTRES DU CONSEIL D'ESTAT.

VEU au Conseil d'Etat du Roy, Sa Majesté y étant, les Instances des Requêtes respectives, d'entre Charles Valentin Cadicq, Marchand Mercier de la Ville de Paris, les Maîtres & Gardes du Corps de la Mercerie, prenant le fait & cause dudit Cadicq, & les Maîtres & Gardes des six Corps des Marchands de la même Ville, Parties intervenantes d'une part ; & les Maîtres & Gardes des Marchands Merciers-Drapiers unis de la Ville de Rouen, & les Maîtres & Gardes du Corps des Marchands Epiciers, Ciriers & Apotiquaires, Bonnetiers & Pelletiers de la même Ville, Parties intervenantes d'autre part, d'entre Jacques-Guillaume Pigeon, reçû par la Cour des Monnoyes de Paris, Maître

Orfévre pour la Ville de Rouen , & les six Corps des Marchands de la Ville de Paris , Parties intervenantes d'une part, & les Maîtres & Gardes de l'Etat & Art de l'Orféverie de la Ville de Rouen ; & les Epiciers , Bonnetiers & Pelletiers de ladite Ville. Parties intervenantes d'autre part : & encore d'entre Loüis-Jacques Dalibourg , Maître Chirurgien Juré à Paris ; & les Prevôts en Charge des Maîtres Chirurgiens de ladite Ville , Parties intervenantes d'une part , & les Maîtres Chirurgiens de la Ville de Rouen , encore d'autre : par la premiere desquelles REQUESTES inférée dans l'Arrêt du Conseil du 7 Novembre 1730. Lesdits Cadicq & les Maîtres & Gardes de la Mercerie de la Ville de Paris , ont demandé l'éxécution de l'Article VI. de l'Edit du mois de Décembre mil cinq cens quatre-vingt-un , confirmé par l'Article premier de celui du mois d'Avril mil cinq cens quatre-vingt-dix-sept. Portant , que tous Artisans qui auroient été reçûs Maîtres en la Ville de Paris, pourroient aller demeurer & exercer leursdits Métiers en toutes les Villes , Fauxbourgs , Bourgs , Bourgades , & autres lieux du Royaume , sans pour cela être tenus de faire nouveaux sermens esdites Villes & lieux , mais seulement faire apparoir de leur reception en la Maîtrise , que l'Arrêt du Conseil du vingt-huit Aoust mil sept cens dix-neuf, rendu contre les Merciers d'Amiens , fût déclaré commun, avec ledit Cadicq , en conséquence, qu'il lui fut permis nonobstant l'oposition des Merciers de la Ville de Rouen , d'y tenir Boutique ouverte , & y faire le Commerce de Mercerie , ainsi que les autres Merciers de ladite Ville , lesquels seroient tenus d'Enregistrer sa Lettre de Maîtrise & de l'installer dans leur Communauté , avec deffenses ausdits Merciers & à ceux des autres Villes & lieux du Royaume , en cas qu'il voulut s'y établir , de le troubler , à peine de mille livres d'Amende , dépens , dommages & intérêts ; ledit Arrest du Conseil du sept Novembre mil sept cens trente , qui ordonne que ladite REQUESTE seroit communiquée aux Marchands Merciers de la Ville de Rouen , & qu'ils remettroient leurs réponses & piéces entre les mains du Sieur

Herault , Lieutenant-Général de Police de la Ville de Paris ,
celle des Marchands Merciers , Drapiers , unis de la Ville de
Rouen , du quinze Janvier mil sept cens trente-un , par laquelle ils ont conclu à être reçûs oposans à l'éxécution de
l'Arreſt du vingt-huit Aouſt mil sept cens dix-neuf, surpris
par les Marchands Merciers de Paris , en ce qu'il étend
leurs Priviléges jusques dans les Provinces de Normandie ,
à leur préjudice , & demandé l'éxécution de l'Arreſt du
Parlement de Rouen , du trente-un Janvier mil cinq cens
quatre-vingt-dix-huit , portant en termes exprès , qu'à l'é-
gard du sixiéme Article dudit Edit du mois de Décembre
mil cinq cens quatre-vingt-un , attendu la diverſité des Ordonnances & Priviléges des Artiſans en chacune Province &
Reſſort des Parlemens , il en feroit uſé comme par le paſſé ,
ſans qu'aucunes puiſſent exercer leur métier en ladite Province , s'ils n'avoient été reçûs en icelle ; & que deffenſes fuſſent faites audit Cadicq , & à tous autres Marchands de Paris , de ſe preſenter à l'avenir , pour être reçûs en ladite Communauté des Merciers de Rouen , n'y de s'immiſcer dans
leur Commerce en qualité de Maîtres de Paris , à peine de
quinze cens livres d'amende , confiſcation des Marchandiſes ,
& de tous dépens , dommages & intérêts. AUTRE RE-
QUESTE des Marchands Merciers de Paris , du quatre Juillet mil sept cens trente-un , par laquelle ils ont conclu , à ce
que ſans avoir égard audit Arreſt du Parlement de Rouen ,
du trente-un Janvier mil cinq cens quatre-vingt-dix-huit.
Les Edits des mois de Décembre mil cinq cens quatre-vingt-
un , Avril mil cinq cens quatre-vingt-dix-ſept , & Mars mil
ſix cens ſoixante-treize , ſoient éxécutez ſelon leur forme &
teneur , & que les Merciers de Rouen , ſoient déboutez des
Concluſions de leur Requête , & que celles par eux priſes ,
leur ſoient ajugées avec dépens , dommages & interêts , pour
avoir interrompu Cadicq dans ſon Commerce. AUTRE
REQUESTE du vingt-ſept du même mois preſentée par les
Maîtres & Gardes des ſix Corps des Marchands de la Ville
de Paris , par laquelle pour les Cauſes y contenuës , ils ont
demandé

demandé d'être reçûs Parties intervenantes dans ladite inftance, & perfiftent dans les Conclufions par les Merciers de ladite Ville de Paris, & ledit Cadicq. AUTRE REQUESTE du
10 Octobre 1731. préfentée par les Merciers, Drapiers de la
Ville de Rouen, pour fervir de réponfes à celle des Merciers
de Paris, du 4. Juillet précédent, par laquelle ils perfiftent dans
les Conclufions par eux prifes. AUTRE REQUESTE des mêmes dudit jour 10 Octobre, en réponfe à celle des fix Corps
des Marchands de Paris, du 27 Juillet de la même année,
par laquelle ils ont conclu à ce que les fix Corps des Marchands de Paris fuffent déboutez purement & fimplement de
leur intervention. LA REQUESTE des Epiciers, Ciriers, Apotiquaires, & Bonnetiers de la Ville de Rouen, du 8 Novembre
1731. par laquelle pour les Caufes y contenuës, ils ont demandé d'être reçûs Parties intervenantes en l'Inftance, & que les
Merciers de Paris & Cadicq, fuffent déboutez de leurs demandes & prétentions avec dépens. AUTRE REQUESTE des mêmes du 4 Janvier 1732. par laquelle ils ont pris les mêmes
Conclufions. LA REQUESTE des Marchands Merciers de Paris du 14 Avril 1733. par laquelle ils ont conclu à ce que fans
avoir égard aux Conclufions prifes par les Marchands Merciers, Drapiers, Epiciers, & Bonnetiers de la Ville de Rouen,
par leurs REQUESTES des 10 Octobre, 8 Novembre 1731, &
4 Janvier 1732. celles par eux prifes leur foient ajugées. LA
REQUESTE des fix Corps des Marchands de Paris du 23 du
même mois, par laquelle ils perfiftent dans leur intervention.
Celle des Marchands Merciers de la Ville de Paris, du 8 Mai
1733. par laquelle ils ont demandé que les Conclufions par
eux prifes leur foient ajugées avec dépens. LA REQUESTE
du 13 du même mois de Mai, préfentée par les Epiciers, Ciriers, Apotiquaires, & Bonnetiers de la Ville de Rouen, pour
fervir de réponfes à celle des Merciers de la Ville de Paris, du
14 Avril 1733, par laquelle ils ont demandé que les Conclufions par eux prifes leur fuffent ajugées. AUTRE REQUESTE
des mêmes du 12 Juin fuivant, fervant de réponfe à celle des
fix Corps des Marchands de la Ville de Paris du 23 Avril pré-

cédent , par laquelle ils perſiſtent dans les Concluſions par eux priſes en l'inſtance avec dépens. Celle préſentée par les mêmes le 18 dudit mois de Juin , pour réponſe à celle des Merciers de Paris , du 8 Mai précédent , par laquelle ils demandent que leurs Concluſions leurs ſoient ajugées avec dépens. Mémoire imprimé des ſix Corps des Marchands de Paris , par lequel ils perſiſtent dans leurs Concluſions. AUTRE Mémoire imprimé des Marchands Merciers de Rouen , par lequel ils perſiſtent pareillement dans les Concluſions par eux priſes , enſemble les autres Pieces & Mémoires joints auſdites REQUESTES. VEU auſſi la REQUESTE préſentée au Conſeil par Jacques-Guillaume Pigeon , Maître Orfévre de la Ville de Rouen , tendante à ce que pour les Cauſes y contenuës , il plût à Sa Majeſté , ſans s'arrêter à l'Arreſt du Parlement de Rouen du dix-ſept Juillet 1733 , & à tout ce qui pourroit avoir été fait en conſéquence , ordonner que les Arreſts de la Cour des Monnoyes de Paris , des 17 & 27 Juin précédent, ſoient exécutez ſelon leur forme & teneur , en conſéquence lui permettre d'ouvrir Boutique d'Orfévre dans ladite Ville , & d'en exercer la profeſſion conformément aux Edits des mois de Décembre 1581. & 1597. & autres Réglemens. Faire défenſes aux Orfévres de Rouen , & à tous autres de l'y troubler à peine de trois mille livres d'Amende , & de tous dépens , dommages & intereſts. LA REQUESTE des ſix Corps des Marchands de Paris , par laquelle ils ont demandé d'être reçûs Parties intervenantes en l'inſtance , & l'exécution de l'Article VI. de l'Edit du mois de Décembre 1581 , & de l'Article premier de l'Ordonnance de 1673 , prenant au ſurplus les mêmes Concluſions que ledit Pigeon. Celle de la Communauté des Orfévres de la Ville de Rouen , tendante à ce que pour les cauſes y contenuës , il plût à Sa Majeſté caſſer & annuller leſdits Arreſts de la Cour des Monnoyes de Paris rendus entre eux & ledit Pigeon les 17 & 27 Juin de ladite année 1733. & tout ce qui s'en étoit enſuivi ; ce faiſant remettre les Parties en tel & ſemblable état qu'elles étoient avant leſdits Arreſts , & attendu la connéxité du Reſcin-

dant, avec le Refcifoire & le conflit formé entre lefdits Arrefts & celui du Parlement de Rouen du 17 Juillet fuivant,
évoquer le fonds & principal & y faifant droit fans s'arrêter n'y
avoir égard aux demandes portées en la Cour des Monnoyes
par la Requête dudit Pigeon , & ordonner que leurs Statuts
du 26 Février 1654. & Lettres-Patentes expédiées en conféquence : Regiftrées au Parlement de Rouen le 20 Juin fuivant
foient exécutées , & que conformément à l'Article XL. & autres defdites Statuts , nul ne pourra être reçû Maître, (à
l'exception des Fils de Maîtres de la Ville de Rouen,) à moins
qu'il n'ait fait fon apprentiffage , & qu'il n'ait été Juré apprentif pendant le tems & fuivant les formes contenuës dans
lefdits Statuts : Ordonna pareillement que les Articles 17
18 & 19 defdits Statuts qui prefcrivent les formalitez pour
la réception des Maîtres ou Aprentifs foient éxécutez , faire
deffenfes à tous Afpirans à la Maîtrife de Rouen , foit fils
de Maître ou aprentifs Jurez de fe pourvoir ailleurs pour raifon de leur réception que pardevant le Vicomte de Rouen, &
par apel au Parlement , & à toutes les autres Cours & Juges , & notamment à la Cour des Monnoyes de Paris d'en
connoître à peine de nullité , caffation de Procédures , de
quinze cens livres d'amende , & de tout dépens, dommages
& intérêts. LA REQUESTE d'intervention des Epiciers ,
Bonnetiers , & Pelletiers de ladite Ville de Rouen, du premier Juin 1734, par laquelle ils ont pris les mêmes conclufions que la Communauté des Orfévres de la même Ville , le
tout renvoyé le 19 Juillet 1734. pardevant les Sieurs Commiffaires du Bureau des Arts & Métiers pour fur leur avis être
par Sa Majefté ordonné ce qu'il appartiendroit. A U T R E
REQUESTE des fix Corps des Marchands de la Ville de Paris du 30 Juin 1736. pour réponfe aux Requêtes des Orfévres de la Ville de Rouen , & des Marchands Epiciers , Bonnetiers , & Pelletiers de la même Ville , par laquelle ils perfiftent dans leur Intervention & dans les Conclufions par eux
prifes par leur premiere Requête. Celle des Orfévres de Rouen
du 14 Juillet de ladite année 1736. En prefence des autres

Communautez de la même Ville, par laquelle ils perfistent
dans leurs Conclusions, ensemble les autres Piéces & Mémoires joints aufdites Requêtes. VEU pareillement la REQUESTE
inférée dans l'Arreft du Conseil d'Etat du 17 Juillet 1734. présentée par les Prevôts en charge de la Communauté des Maîtres Chirurgiens Jurez de la Ville de Paris, tendante à ce que
pour les causes y contenuës il plût à Sa Majesté ordonner que
l'Article XXVI. de leurs Statuts, ensemble les Lettres-Patentes du mois de Septembre 1699. fussent exécutez selon leur
forme & teneur; & en conséquence sans s'arrêter à la Sentence du Lieutenant-Général de Police de la Ville de Roüen du
16 Janvier 1734: que les Maîtres Chirurgiens de Rouen fussent
tenus de recevoir & aggréger dans leur Corps & Communauté, Jacques Dalibourg, en sa qualité de Maître Chirurgien Juré à Paris, & ce à sa premiere requisition en vertu de l'Arreft
qui interviendroit, de même que tous autres Maîtres Chirurgiens Jurez de la même Ville qui se présenteroient, sinon, &
à faute de ce que ledit Arreft leur tiendroit lieu de réception
& d'agrégation, & qu'ils pourroient exercer librement dans ladite Ville de Rouen l'Art de Chirurgie, avec deffenses de leur
aporter aucun trouble ni empêchement, à peine de tous dépens, dommages & intérêts, ledit Arreft du 17 Juillet 1734.
qui envoye ladite Requête devant lesdits Sieurs Commissaires
du Bureau des Arts & Métiers pour donner leurs avis. La
REQUESTE des Maîtres Chirurgiens de la Ville de Rouen du
14 Juillet 1735. tendante à ce que pour les causes y contenuës : Ceux de la Ville de Paris soient déboutés de leurs demandes avec dépens. LA REQUESTE des Maîtres & Gardes
des Marchands Paffementiers, Ouvriers en draps d'or & d'argent & autres de la Ville, Fauxbourgs & Banlieuë de Rouen
du 16 Septembre 1735. & celle des Maîtres & Gardes de l'E-
tat de Marchand Chapelier de la même Ville du 20 du même
mois de Septembre, par lesquelles Requêtes ci-dessus énoncées, & pour les causes y contenuës, lesdits Maîtres & Gardes Paffementiers & Chapeliers de Rouen, ont demandé d'être
reçûs parties intervenantes, & qu'ils persistoient dans les con-

clusions prises par les Marchands Merciers, Drapiers, Epiciers, Ciriers, Apotiquaires, Bonnetiers, & la Communauté des Orfévres de Rouen, & par les Maîtres Chirurgiens de la même Ville. AUTRE REQUESTE des Marchands Épiciers, Ciriers, Apotiquaires, des Marchands Bonnetiers & des Pelletiers-Foureurs de la Ville de Rouen, des 21 Novembre 1735. & douze Septembre 1736. par laquelle pour les causes y contenuës, ils ont demandé d'être reçûs parties intervenantes dans les instances pendantes entre les Maîtres Chirurgiens de Paris, & les Maîtres Chirurgiens de Rouen, & de ce que pour réponses tant à la Requête des Maîtres Chirurgiens de Paris inférée en l'Arrest du Conseil du 17 Juillet 1734. qu'à celle de Pigeon, Maître Orfévre, présentée au Conseil en cassation de l'Arrest du Parlement de Rouen du 17 Juillet 1733. & à la Requête d'intervention des six Corps des Marchands de Paris, ils employent le contenu en leursdites Requêtes, & que leurs Conclusions leurs soient ajugées avec dépens. LA REQUESTE des Maîtres Chirurgiens de la Ville de Paris du 24 Janvier 1736. pour réponse à celle des Maîtres Chirurgiens de Rouen du 14 Juillet 1735. par laquelle ils persistent dans leurs Conclusions. AUTRE REQUESTE des Maîtres Chirurgiens de la Ville de Rouen du 20 Mars de ladite année 1736. pour réponse à la Requête des Maîtres Chirurgiens de Paris du 24 Janvier précédent, par laquelle ils persistent dans leurs Conclusions. LA REQUESTE des Gardes en Charge & Jurez de la Communauté des Maîtres-Faiseurs de Bas & autres ouvrages au Métier, & toutes les autres Communautez d'autres Métiers de ladite Ville, Fauxbourgs & Banlieuë de Rouen du 4 Décembre 1736. par laquelle pour les causes y contenuës ils ont demandé d'être reçûs parties intervenantes dans les instances, pendantes entre les six Corps des Marchands de Paris ; Les nommées Cadicq, Pigeon & Dalibourg, & les Marchands Merciers, Orfévres, Epiciers, & autres Communautez de la Ville de Rouen, qu'il leur fut permis de joindre à leur dite Requête, l'Arrest du Conseil du 3 Juin 1709. rendu entre les Maîtres Orlogeurs de Rouen, & le nommé Dumont.,,

Maître Orlogeur à Paris, enſemble l'Arreſt du Conſeil du vingt-ſept Août mil ſept cens quatorze, rendu pareillement entre les Maîtres Tailleurs de Paris, & les Maîtres Tailleurs de Rouen, & de ce qu'ils adhéroient aux Concluſions priſes par les Corps des Marchands Epiciers, Bonnetiers, & Pelletiers de ladite Ville, & demandé l'éxécution des Arreſts du Parlement de Rouen, des dix-huit Juin mil cinq cens quatre-vingt-quatre, & trente-un Janvier mil cinq cens quatre-vingt-dix-huit. Celle du treize dudit mois de Décembre, préſentée par les ſix Corps des Marchands de Paris, pour ſervir de réponſe à celle des Jurez en Charge de la Communauté des Maîtres Faiſeurs de Bas, & autres Ouvrages au Métier, de la Communauté des Boutonniers-Mouliers, Faiſeurs de Cordon à Chapeau, & autres Communautez de la Ville de Rouen, du quatre du même mois de Décembre, par laquelle pour les cauſes y contenuës, ils ont demandé qu'ils fuſſent déboutez de leurs Concluſions avec dépens. AUTRE RE-QUESTE des Gardes en Charge & Jurez de la Communauté des Maîtres Faiſeurs de Bas, & autres Ouvrages au Métier, de la Communauté des Boutonniers-Mouliers, faiſeurs de Cordon à Chapeau, & autres Communautez de la Ville, Fauxbourgs & Banlieuë de Rouen ; préſentée le dix Janvier mil ſept cens trente-ſept, pour ſervir de réponſe à celle des ſix Corps des Marchands de Paris du treize Décembre précédent, par laquelle ils perſiſtent dans leurs Concluſions. LA RE-QUESTE des Marchands Epiciers, Ciriers, Apotiquaires, Bonnetiers, Pelletiers-Foureurs, & autres Communautez d'Arts ou Métiers de ladite Ville de Rouen, du douze du même mois, par laquelle ils ont demandé que les Concluſions par eux priſes, leur fuſſent ajugées avec dépens, comme auſſi déclarer obreptice & ſubreptice la Déclaration du 4 Avril mil ſept cens ſept, renduë en faveur de la Communauté des Maîtres Tiſſutiers, Rubaniers, Frangers, Ouvriers en Drap d'Or, & d'Argent, Fil & Soye de la Ville & Fauxbourgs de Paris, & les Lettres-Patentes accordées le ſept Juin ſuivant aux Maîtres Tainturiers en Soye, Laine &

Fil de la même Ville , entant que toute la Ville de Rouen y
eft comprife , ordonner que quant à ce , ladite Déclaration
demeurera révoquée & que lefdites Lettres-Patentes feront raportées , avec défenfes aux Marchands de Paris de s'en faire
un titre contre la Ville de Roüen. Mémoire Imprimé des Marchands Epiciers , Bonnetiers , Pelletiers , & des Communautez
des Arts & Métiers de ladite Ville de Rouen , du quatorze du
même mois de Janvier mil fept cens trente-fept , par lequel
ils perfiftent dans leurs Conclufions. AUTRE REQUESTE
d'intervention des Gardes & Communauté des Maîtres Fu-
taillers , Tourneurs , Corneliers , & Boiffetiers de la même
Ville de Rouen , du quatorze Janvier mil fept cens trente-huit,
par laquelle pour les caufes y contenuës , ils déclarent qu'ils
adhérent aux Conclufions des Marchands Merciers , Orfévres ,
Epiciers , & Bonnetiers de ladite Ville. LA REQUESTE prefentée par les Gardes & Communauté des Maîtres Charpen-
tiers de Rouen le quatorze du même mois , par laquelle ils ont
demandé d'être reçûs Parties intervenantes,& de ce qu'ils adhéroient aux Conclufions prifes par les Marchands Merciers ,
Orfévres , Epiciers , & Bonnetiers de la même Ville. Mémoire
Imprimé des Corps des Marchands & Communautez d'Arts
& Métiers de ladite Ville , du vingt-deux dudit mois de Janvier mil fept cens trente-huit. Contenant un précis de tous
leurs moyens , & perfiftent dans leurs Conclufions. LA RE-
QUESTE d'intervention des Maire & Echevins de Rouen ,
par laquelle ils ont pris les mêmes Conclufions que les Marchands Merciers , Orfévres , & les Maîtres Chirurgiens de
ladite Ville , enfemble les Piéces & Mémoires joints aufdites
REQUESTES. Et l'avis defdits fieurs Commiffaires fur le
tout, OUI le raport du Sieur ORRY , Confeiller d'Etat , &
ordinaire au Confeil Royal, Contrôleur Général des Finances.
LE ROY ETANT EN SON CONSEIL , conformé-
ment à l'avis defdits fieurs Commiffaires , a reçû & reçoit les
Maîtres & Gardes des Marchands Merciers , Drapiers unis de
la Ville de Rouen , & les Maîtres & Gardes du Corps des
Marchands Epiciers , Ciriers , Apotiquaires , Bonnetiers , &

Pelletiers, les Maîtres & Gardes de l'Etat & Art de l'Orféverie, les Maîtres Chirurgiens & tous les autres Corps & Communautez d'Arts & métiers de ladite Ville de Rouen, enfemble les Maire & Echevins de la même Ville, Parties intervenantes, a reçû pareillement les Maîtres & Gardes du Corps de la Mercerie de Paris, les Maîtres & Gardes des fix Corps des Marchands, & les Prevôts en Charge des Maîtres Chirurgiens de ladite Ville, Parties intervenantes; Et faifant Droit fur le tout, fans avoir égard à l'intervention defdits Marchands & des Maîtres Chirurgiens de Paris, & aux demandes des nommez Cadicq, Pigeon & Dalibourg, dont ils font déboutées. Et fans s'arrêter aux Arrefts de la Cour des monnoyes de Paris des dix-fept & vingt-fept Juin mil fept trente-trois. A Ordonné & Ordonne que les Statuts & Réglemens des Marchands Merciers, Drapiers unis, de la Communauté des Orfévres, des Maîtres Chirurgiens de la Ville de Rouen, & des autres Corps & Communautez d'Arts & métiers de la même Ville, feront exécutez felon leur forme & teneur, en conféquence qu'aucun Marchand ou Artifan de la Ville de Paris ne pourra s'établir dans ladite Ville de Rouen, fans auparavant y avoir fait aprentiffage, & s'être conformé aux Statuts & Réglémens de la Communauté, dans laquelle il voudra entrer; Dérogeant Sa Majefté entend que de befoin eft ou feroit aux Edits & Déclarations des mois de Décembre mil cinq cens quatre-vingt-un, Avril mil cinq cens quatre-vingt-dix-fept, & Mars mil fix cens foixante-treize. Et pour l'exécution du prefent Arreft, feront toutes Lettres néceffaires expédiées. Fait au Conseil d'Etat du Roy, Sa Majefté y étant, tenu à Compiégne le trentiéme jour de Juillet mil fept cens trente-huit.

Signé, PHELYPEAUX.

Collationé à l'Original, par Nous Ecuyer, Confeiller-Sécretaire du Roy, Maifon-Couronne de France & de fes Finances.

A Rouen, de l'Imprimerie de PREVOST, rue S. Vivien.

ARREST

DE LA COUR

DU PARLEMENT DE ROUEN·

Confirmatif de l'Ordonnance renduë sur la Requête des Maîtres & Gardes de l'Etat de Marchand Bonnetier à Roüen, par Monsieur le Lieutenant Général de Police du 16. Auril 1739. qui permet d'aller en visite au Bel de la Vieille-Tour ; & autorise de faire les Visites, Saisies & Aprochemens de Marchandise de Bonneterie, pour en poursuivre la Confiscation.

Du 21 Juin 1740.

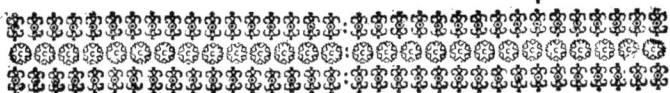

L OUIS PAR LA GRACE DE DIEU ROY DE FRANCE ET DE NAVARRE : A tous ceux qui ces presentes Lettres verront. SALUT : Sçavoir, faisons que cejourd'hui la Cause offrante en Notre Cour de Parlement de Roüen : Entre Anne Fennebrecq, demeurante à Roüen, Appelante de l'Ordonnance renduë par le Lieutenant Général de Police dudit lieu : Sur la Requête des Maîtres & Gardes de l'Etat de Marchands Bonnetiers de la Ville, Fauxbourgs & Banlieuë de Roüen, ci-aprés nommés le 16 Avril 1739. &

X

de tout ce qui a été & pourroit être fait en conséquence : Demanderesse en exécution de l'Arrêt de Notre Cour par elle obtenuu sur sa Requête le 23 dudit mois d'Avril , & Deffendresse de l'Opposition des Marchands Bonnetiers , par laquelle Requête ils demandoient entr'autre chose d'être autorisés d'aller faire les Visites , Saisies & Aprochemens convenables à la Vieille-Tour de cette Ville , pour y saisir les Marchandises de Bonneterie , pour en poursuivre la Confiscation avec Amende , Intérêts & Dépens : Comme aussi d'aller faire les Visites dans les Maisons qui leurs seront indiquées , pour pareillement y saisir & aprocher les Marchandises qui pourroient y être répostées , tant pour n'avoir point été déchargées à leur Bureau , que contraires aux Réglemens & venduës par des personnes sans qualité , à laquelle fin en cas de refus Mandement leur seroit accordé , &c.
IL EST DIT : Soit fait ainsi qu'il est requis & consenti par notre Procureur comparante ladite Fennebrecq en personne , & par Me Guillaume l'Avenu son Procureur d'une part , & lesdits Maîtres & Gardes Jurés de l'Etat des Marchands Bonnetiers de cette Ville ; saisissans en vertu de ladite Ordonnance intimée sur ledit Apel , & Demandeurs en Requête d'Opposition du 25 dudit mois d'Avril. 1739. contre l'exécution dudit Arrêt sur-Requête , comparans lesdits Gardes en personnes , & par Me Robert Siouret leur Procureur , d'autre part sans que les qualitez puissent nuire n'y préjudicier : Oüis Bigot le jeune Avocat de ladite Fennebrecq , lequel a dit qu'après avoir conféré contradictoirement devant nos Gens , il se raporte à Notre Cour ; Falaise Avocat de la Communauté des Marchands Bonnetiers de Roüen , lequel a dit que la Fennebrecq se trouve dans une triple contravention , la premiere en exposant en Vente des Marchandises de Bonneterie au Bel de la Vieille-Tour , lieu Privilégié ; à la bonne heure pour les provisions de la Ville , mais dans lequel aucunes Marchandises dépendantes de la Profession des Marchands Bonnetiers , ne peuvent être venduë sans droit ni qualité , y ayant des Régles prescrites pour les Marchands Forains ausquels ils sont obli-

gez de s'affujettir ; En effet depuis l'établiffement du Bel de la
Vieille-Tour & celui de la Communauté des Marchands Bonnetiers , fondée fur des Statuts , Lettres-Patentes, Arrêts & Réglemens de Notre Confeil , & de Notre Cour : Perfonne avant
la Fennebrecq ne s'étoit crû en droit de vendre fans droit ni
qualité des Ouvrages de Bonneterie affujetis aux Réglemens em-
manés de Notre Confeil: Cette Manufacture a de tout tems été
dirigée avec la plus fcrupuleufe exactitude ; Cependant ce prétendu Privilége tiré du lieu où la Fennebrecq à été trouvée
vendante des Marchandifes de Bonneterie, & fur lequel elle fon-
de uniquement fa deffenfe, impliqueroit une contradiction ma-
nifefte avec les différents Arrêts & Réglemens qui affujetiffent
également les Marchands & Fabriquans de Bonneterie à les fui-
vre, à les faire exécuter; & à ne fabriquer & à ne vendre que de
bonnes Marchandifes: Cette contravention toute formelle qu'elle eft , n'eft pas la feule dans laquelle fe rencontre la Fennebrecq ; En effet la plûpart des Marchandifes par elle expofées
en vente étoit défectueufe , tant par le vice des matiéres premiere , que pour le défaut de Fabrique : & toutes étoient en
contravention faute d'avoir été préalablement dépofées & vifitées
au Bureau des Marchands Bonnetiers, au defir des Articles XVII
VXIII. & XX. de leurs nouveaux Statuts enregiftrés
en Notre Cour : C'eft dans ces circonftances que les Gardes
Bonnetiers prefentérent leur Requête au Sieur Lieutenant Général de Police , expofitive defdites contraventions , pour être
autorifez d'aller en vifite au Bel de la Vieille-Tour , & qu'il
rendit fon Ordonnance le 16 Avril 1739 , par laquelle les fins
leurs en furent accordées en obfervant l'Ordonnance & les Statuts de leur Communauté. C'eft d'une Ordonnance auffi jufte &
auffi prudente que la Fennebrecq a cependant jugé à propos
de fe rendre Appelante & fur un faux énoncé ; Elle furprit même de la Religion de Notre Cour un Arrêt le 23 dudit mois
d'Avril, qui par provifion lui accordoit main-levée de fes Marchandifes faifies : les Marchands Bonnetiers fe rendirent fur le
champ Oppofans contre l'exécution de cet Arrêt ; & aprés
une plaidorie contradictoire ils obtinrent le 13 May dernier
Arrêt , qui en préjugeant le mérite de leur Caufe , les re-

152

çoit Oppofans ; & pour leur être fait Droit, tant fur leur
Oppofition, que fur l'Apel de la Fennebrecq, les renvoye
après la Caufe inftruite ; C'eft dans cet état que l'Avocat
de la Fennebrecq fe prefenta hier à la Conférence de nos
Gens, & y défendit fa Cliente avec tout le zéle dont il eft
capable ; Mais enfin convaincu par la folidité des moyens
& raifons des Marchands Bonnetiers, que la Fennebrecq
n'avoit ni droit ni qualité de faire leur profeffion, foit au
Bel de la Vieille-Tour, foit par tout ailleurs dans la Ville
& Banlieuë de Roüen. Il eft forcé de fe rendre, ce qui l'a
déterminé à déclarer fimplement à l'Audience qu'il s'en raporte à la prudence de Notre Cour, pourquoi conclût à
ce qu'il plaife à notre Cour, faifant Droit fur l'Opofition
des Marchands Bonnetiers & à l'Arrêt du 23 Avril 1739 le
raporter comme furpris, & fur l'Apel de la Fennebrecq
de l'Ordonnance du Lieutenant Général de Police du 16 dudit mois d'Avril, mettre l'Apellation au néant : Ordonner
que ce dont eft Appel fortira fon Effet avec Dépens, le
Bailly Mefnager Avocat Général pour notre Procureur Général. NOSTREDITE COUR Parties oüies, & notre Procureur Général a reçu & reçoit celle de Falaife Oppofante à
l'Arrêt de notre Cour ; & fans s'arrêter audit Arrêt, faifant
Droit fur l'Apel, a mis & met l'Apellation au néant : Ordonne que ce dont eft Apel fortira effet, condamne la Partie de Bigot en l'Amende ordinaire de douze livres envers
Nous & aux Dépens. Si donnons en Mandement au premier
des Huiffiers de notre Cour ou autre notre Huiffier ou Sergent fur ce requis, mettre le prefent Arrêt à exécution felon fa
forme & teneur, de ce faire te donnons pouvoir. DONNE' à
Roüen en notre Cour de Parlement le 21 Juin, l'an de grace
1740. Et de notre Régne le vingt-cinquiéme. PAR LA COUR.

Signé, BEARD.

Collationné POLLIN.

Scellé le 16. Juillet 1740.

COPIE DE LA CHARTRE

DU ROY SAINT LOUIS.

Du Mois de Novembre 1262.

Par laquelle il donne à Ferme perpé-
tuelle, aux Maire & Echevins de Roüen,
les Moulins dudit lieu , &c.

In Nomine Sanctæ ⊕ Invidua Trinitatis. Amen.

LUDOVICUS , Dei gratiâ , Francorum
Rex , notum facimus univerfis tam prefentibus
quam futuris , quod nos tradidimus & concef-
fimus ad Firmam perpetuam , Majori & Civibus Rothomagenfibus pro tribus millibus librarum
turonenfium nobis integrè ab ipfis annuatim in duobus ter-
minis perfolvendis ; videlicet medietate ad *Sacrarium Paf-
cha* , & alia medietate ad Sacrarium Sancti Michaëlis, *Omnia Molendina noftra de Rothomago , & de Daivillâ* , cum fuis
Juribus & Honoribus , *ficut ab Archiepifcopo Rothomagenfi
habueramus in locis prædictis* : Cum Vivario de Martainvillâ,
cum noftris aliis Aquis Molendinorum prædictorum ; cum Redditibus, Redeventiis , Juftitiis , & Libertatibus, fpectantibus ad
Vivarium & Aquas & Molendina fupradicta , *Item* Mercatum
noftrum de Rothomago , quod vocatum eft Mercatum de
Veteri-Turre , cum Hallâ ad Telas , cum omnibus Edifi-
ciis , Cavis Plateis, Gardinis, Redditibus , Juftitiis , Præ-

X iij

minentiis , & omnibus aliis Redeventiis fpe&antibus , ad
Mercatum antè di&um & ad Hallam ad Telas antè dic-
tam , & hæc omnia ante di&a. Eifdem Civibus conceffi-
mus & tradidimus·cum omni libertate & dominio , quod
in di&is. locis.habebamus , fivè habere poffemus *exceptis om-*
nibus aliis quæ fpe&ant ad Vice Comitatum Aquæ Rothoma-
genfis , & quæ per Vice-Comitem Aquæ , recipi confuerunt,
quæ omnia penès nos retinemus ; præter quam Hallam ad Telas quam di&is Civibus tradidimus ficut fuperiùs eft expref-
fum.

Nec nos nec Hæredes noftri de cætero poterimus facere
feu ædificare alia Molendina , nec aliud Mercatum , nec
alias Hallas in Rothomago , nec in *Banlieuveâ Rothomagi,*
nec apud Daivillan , & fciendum *eft quod di&i Major & Ci-*
ves , *Hæredes feu Succeffores eorumdem prædi&am Firmam*
non poterunt dimittere , nifi noftræ vel Hæredum noftro-
rum placuerit voluntati , nec demus eifdem ad ædifican-
dum , *feu reparandum prædi&a in locis* , feu Foreftris noftris aliquid reperire ; *hæc autem fola funt conceffa eifdem* ;
falvo in omnibus jure alieno.

Actum Parifiis anno Incarnationis Domini millefimo du-
centefimo fexagefimo fecundo , menfe Novembris , Regni
noftri anno trigefimo quinto.

ARREST

DU CONSEIL D'ESTAT

DU ROY,

Qui condamne les Marchands Merciers de la Ville de Roüen en Amande & Confiscation des Marchandises de Bonneterie.

Du 2 Août 1740.

EXTRAIT DES REGISTRES DU CONSEIL D'ESTAT.

SUR LA REQUESTE PRESENTE'E AU ROY EN SON CONSEIL par les Marchands Bonnetiers de la Ville de Roüen : Contenant que par les Articles VXII. & XVIII. des Statuts de leur Communauté , autorisez par Lettres-Patentes du mois de May 1734. Il avoit entr'autres dispositions été ordonné que toutes les Marchandises de Bonneterie faits au Tricot ou au Métier , seroient apportées dans les Bureaux des Bonnetiers , pour y être visitées par les Gardes de ladite Communauté ; Que l'Article XX. desdits Statuts accorde aux Suplians le droit de Vendre en détail toutes sortes de Marchandises de Bonneterie , à l'exclusion de tous au-

tres ; Que depuis l'obtention de ces Statuts , les Merciers
de ledite Ville de Roüen ayant prétendu que les Marchandises de Bonneterie dont ils faisoient Commerce ne devoient
pas être affujeties à la Visite des Bonnetiers ; & qu'ils a-
voient la faculté des ces Marchandises par sixains & même en détail. Ils avoient formé Opositions aux dispositions
de ces trois Articles , sur laquelle il seroit intervenu Arrêt
Contradictoire du Conseil du 11 Janvier 1735 , par lequel
il auroit été ordonné que lesdits Articles seroient exécutez
& promis auxdits Merciers de vendre les Marchandises de
Bonneterie seulement pat sixains entiers & sous corde ; qu'au
préjudice des dispositions de ces Arrêts , lesdits Merciers
ayant négligé d'envoyer leurs Marchandises de Bonneterie
an Bureau des Bonnetiers pour y être visitées , & continuë
de vendre lesdites Marchandises en détail & piece à piece ;
Les Suplians se feroient pourvûs de nouveau au Conseil où
il auroit été rendu un Arrêt le 4 Janvier 1738. contradictoirement entr'eux & lesdits Merciers , par lequel il auroit
de même ordonné que lesdits Articles XVII. XVIII. & XX.
des Statuts desdits Bonnetiers , & lesdits Arrêts du Conseil
du 11 Janvier 1735. seroient exécutés selon leur forme &
teneur : Que ceux desdits Merciers qui feroient venir des
Marchandises de Bonneterie à Roüen , seroient tenus de les
faire mettre dans des paquets ou laisser séparées sans mélange d'aucunes autres Marchandises , avec cette Inscription ,
BONNETERIE ; & de les faire porter à leur arrivée directement dans le Bureau desdits Bonnetiers pour y être vûs,
visitées & marquées par leurs Gardes , & que chaque sixain
desdites Marchandises de Bonneterie qui viendroient pour
le compte desdits Merciers pour être venduës dans ladite
Ville de Roüen , seroient à l'avenir par lesdits Gardes des
Bonnetiers traversées d'un Fil à l'extrêmité , auquel Fil ils
apliqueroient sans frais un plomb portant l'enpreinte ordinaire de leur Bureau ; Que nonobstant les dispositions pré-
cises dudit Arrêt du 4 Février 1738. Lesdits Merciers continuënt encore de souftraire leurs Marchandises de Bonneterie à la visite des Gardes de la Communauté des Suplians,

&

& de les vendre ouvertement en détail ; que lesdits Gardes ont fait fur eux quelques faifies defdites Marchandifes qui ont été portées pardevant le Lieutenant de Police de Roüen : mais que ce Juge a refufé non-feulement d'en prononcer la Confifcation , mais même de condamner les Contrevenans à l'Amende , fous prétexte que lesdits Arrêts du Confeil des 11 Janvier 1735. & 4 Février 1738. ne contiennent aucunes peines dans les cas de contraventions ; Que c'eft ce qui oblige les Bonnetiers à avoir recours à Sa Majefté pour rectifier cet omiffion. A ces Causes : Requeroient les Supliants qu'il plût à Sa Majefté ordonner que dans le cas où lefdits Merciers contreviendroient aux difpofitions des Articles XVII. XVIII. & XX. des Statuts defdits Bonnetiers du mois de May 1734. & defdits Arrêts du Confeil des 11 Janvier 1735. & 4 Février 1738. Les Marchandifes de Bonneterie trouvées en contravention chez lefdits Merciers feront confifquées au profit de la Communauté defdits Bonnetiers , & les Contrevenans condamnées en cinq cens livres d'Amende. VEU ladite Requête , lefdits Articles XVII. XVIII. & XX. des Statuts des Bonnetiers , autorifez par Lettres-Patentes du mois de May 1734. Lefdits Arrêts du Confeil des 11 Janvier 1735. & 4 Février 1738. Et les Lettres-Patentes expédiées fur iceux les 26 Janvier 1735. & premiers Mars 1738. Enfemble l'Avis des Députez du Commerce.

Oüi le Raport du Sieur Orry , Confeiller d'Etat & ordinaire au Confeil Royal , Contrôleur Général des Finances : LE ROI EN SON CONSEIL ayant aucunement égard à ladite Requête , a ordonné & ordonne que les Articles XVII. XVIII. & XX. des Statuts defdits Marchands Bonnetiers de Roüen , autorifez par Lettres-Patentes du mois de May 1734. & Arrêt du Confeil du 11 Janvier 1735. & les Lettres-Patentes expédiées fur Icelui les 26 du même mois , & l'Arrêt du Confeil du 4 Février 1738. & les Lettres-Patentes expédiées fur ledit Arrêt le premier Mars fui-

Y

vant , feront exécutez felon leur forme & teneur , en conféquence que dans le cas où les Marchands Merciers de ladite Ville feront furpris en contravention aux difpofitions ,
tant defdits Articles , que defdits Arrefts & Lettres-Patentes : Les Marchandifes de Bonneterie qui auront été trouvées en contravention & faifies fur lefdits Merciers , feront
confifquées : Et ceux aufqu'elles elles appartiendront condamnez en cinquante livres d'Amende ; aplicable moitié au
profit de la Communauté defdits Bonnetiers , & l'autre moitié au profit *des Pauvres* des Hôpitaux de ladite Ville de
Roüen : Et feront fur le prefent Arrêt *toutes Lettres nécef-*
faires expédiées. F A I T au Confeil d'Etat du Roy , tenu
à Compiégne le deux Aouft mil fept cens quarante.

Collationné ,

Signé , DE VOUGNY.

Pour Monfieur G U Y O T.

L Edit Arreft du Confeil a été Regiftré ès Regiftres de
la Cour , pour être exécuté felon fa forme & teneur , & joüir par les Impétrans de l'Effet & contenu d'I-
celui , fuivant l'Arreft de la Cour : D O N N E' la Grande-Chambre affemblée , le dix-fept Novembre mil fept
cens quarante.

Signé , A U Z A N N N E T , *avec Paraphe.*

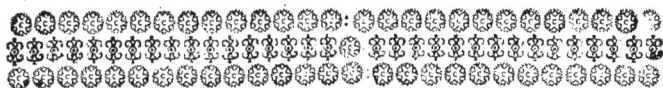

LETTRES-PATENTES

SUR ARREST,

Portant que trois Articles des Statuts des Marchands Bonnetiers de Roüen, feront exécutez à l'égard des Marchands Merciers.

Du deuxiéme Aouſt mil ſept cens quarante.

LOUIS, par la Grace de Dieu, Roy de France & de Navarre : A nos Amés & Féaux Conſeillers, les Gens tenant notre Cour de Parlement à Roüen, & autres nos Officiers & Juſticiers qu'il apartiendra : Salut, nos Amés *les Marchands Bonnetiers de la Ville de Roüen*, Nous ont fait remontrer que par les Articles XVII. & XVIII. des Statuts de leur Communauté, autoriſez par nos Lettres-Patentes du mois de May mil ſept cens trente-quatre, il auroit, entr'autres diſpoſitions, été ordonné que toutes les Marchandiſes de Bonneterie faites au Tricot, ou au Métier, feroient aportées dans les Bureaux des Bonnetiers, pour y être viſitées par les Gardes de ladite Communauté : Que l'Article XX. deſdits Statuts accorde aux Expoſans le droit de vendre en détail toutes ſortes de Marchandiſes de Bonneterie à l'excluſion de tous autres ; Que depuis l'obtention de ces Statuts les Merciers de ladite Vil-

le de Roüen ayant prétendu que les Marchandifes de Bonneterie dont ils faifoient Commerce ne devoient pas être affujeties à la vifite des Bonnetiers , & qu'ils avoient la faculté de vendre ces Marchandifes par fixains , & même en
détail ; Ils auroient formé Oppofition aux difpofitions de ces
trois Articles , fur laquelle il feroit intervenu Arreft Contradictoire en Notre Confeil le onze Janvier mil fept cens
trente-cinq , par lequel il auroit été ordonné que lefdits Articles feroient exécutez , & permis aufdits Merciers de vendre les Marchandifes de Bonneterie feulement par fixains ,
entiers & fous corde. Qu'au préjudice des difpofitions de
cet Arreft , lefdits Merciers ayant négligé d'envoyer leurs
Marchandifes de Bonneterie au Bureau des Bonnetiers , pour
y être vifitées , & continuée de vendre lefdites Marchandifes en détail , & Piéce à Piéce ; Les Expofans fe feroient
pourvûs de nouveau en Notre Confeil où il a été rendu
un Arreft le quatre Février mil fept cens trente-huit contradictoirement entr'eux & lefdits Merciers , par lequel il
auroit été de même ordonné que lefdits Articles X V I I.
XVIII. & XX. des Statuts des Expofans , & ledit Arreft
du onze Janvier mil fept cens trente-cinq , feroient exécutés felon leur forme & teneur ; Que ceux defdits Merciers
qui feroient venir des Marchandifes de Bonneterie à Roüen,
feroient tenus de les faire mettre dans des Paquets ou Caiffes féparés , fans mélange d'aucune autre Marchandife , avec
cette Infcription : BONNETERIE , & de les faire porter
à leur arrivée directement dans le Bureau des Expofans ,
pour y être vûës , vifitées & marquées par leurs Gardes ,
& chaque fixain defdites Marchandifes de Bonneterie qui
viendroit pour le compte defdits Merciers pour être vendus
dans ladite Ville de Roüen , feroit à l'avenir , par lefdits
Gardes des Expofans , traverfé d'un Fil à l'extrêmité , auquel fil ils apliqueroient fans frais un plomb portant l'empreinte ordinaire de leur Bureau. Que nonobftant les difpofitions précifes dudit Arrêt du 4 Février mil fept cens
trente-huit , lefdits Merciers continuënt encore de fouftrai-

re leurs Marchandifes de Bonneterie à la vifite des Gardes
de la Communauté des Expofans , & de les vendre ouvertement en détail ; Que lefdits Gardes ont fait fur eux quelques faifies defdites Marchandifes , qui ont été portées pardevant le Lieutenant de Police de Roüen ; Mais que ce
Juge a refufé non-feulement d'en prononcer la Confifcation ,
mais même de·condamner les Contrevenans à l'Amende ,
fous prétexte que lefdits Arrêts de notre Confeil des onze
Janvier mil fept cens trente-cinq , & quatre Février mil
fept cens trente-huit ne contiennent aucune peine dans les
cas de Contravention , ce qui obligea les Expofans de fe
pourvoir de nouveau à notre Confeil , & de demander que
dans les cas où lefdits Merciers contreviendroient aux difpofitions des Articles XVII. XVIII. & XX. des Statuts des
Expofans & defdits Arrêts , les Marchandifes de Bonneterie trouvées en contravention chez les Merciers , feroient
confifquées au profit de la Communauté des Expofans , &
les Contrevenans condamnés en cinq cens livres d'Amende ,
furquoi eft intervenu Arrêt en notre Confeil , de l'Avis des
Députez du Commerce le deux du prefent mois , par lequel il a été ordonné que les Articles defdits Statuts , & lefdits Arrêts feroient exécutez felon leur forme & teneur , &
en conféquence que les Marchandifes trouvées en contravention feroient faifies , & les Contrevenans condamnés en
cinquante livres d'Amende , & que pour l'exécution dudit
Arrêt toutes *Lettres néceffaires feroient expédiées* , lefquelles
les Expofans Nous ont trés-humblement fait fuplier de leur
vouloir accorder : A CES CAUSES , Nous avons en
conformité dudit Arrêt , dont l'Extrait eft ci-attaché fous
le Contre-fcel de notre Chancellerie : · Ordonné & ordonnons par ces Prefentes fignées de notre main , que les *Articles XVII. XVIII. & XX. des Statuts* defdits Marchands
Bonnetiers de Roüen , autorifés par nos Lettres-Patentes du
mois de May mil fept cens trente-quatre , l'Arrêt de notre
Confeil du onze Janvier mil fept cens trente cinq , & les
Lettres-Patentes *expédiées fur icelui* le vingt-fix *du même*

mois , & l'Arrêt *de notre Conseil du quatre Février* mil sept cens trente-huit , & les Lettres-Patentes *expédiées sur ledit Arrêt le premier Mars* en suivant , seront *exécutés selon leur forme & teneur* ; En conséquence , que dans le cas où les Marchands Merciers de ladite Ville seront surpris en contravention aux dispositions , tant desdits Articles , que desdits Arrêts & Lettres-Patentes : Les Marchandises de Bonneterie qui auront été trouvées en contravention & saisies sur lesdits Merciers , seront confisquées , & ceux auxquels elles apartiendront , condamnez en cinquante livres d'Amende , aplicable moitié au profit de la Communauté desdits Bonnetiers , & l'autre moitié au profit des Pauvres des Hôpitaux de ladite Ville de Roüen. Si vous mandons que ces Presentes vous fassiez enregistrer , & de leur contenu joüir & user les Exposans pleinement & paisiblement , cessant & faisant cesser tous troubles & empêchemens contraires : Car tel est notre plaisir. DONNE' à Versailles le seiziéme jour du mois de Septembre , l'an de Grace mil sept cens quarante. , & de notre Régne le vingt-cinquiéme.

signé , L O U I S :

Par le R O Y , A M E L O T.

LEs Lettres-Patentes ont été Registrées ès Registres de la Cour , pour être exécutées selon leur forme & teneur, & joüir par les Impétrans de l'effet & contenu d'Icelles , suivant l'Arrêt de la Cour : DONNE' la Grande-Chambre assemblée , le dix-sept Novembre mil sept cens quarante.

signé , A U Z A N N E T , *avec Paraphe.*

TABLE DES ANCIENS

ET NOUVEAUX STATUTS

DES MARCHANDS BONNETIERS DE ROUEN.

TABLE DES ANCIENS

ET NOUVEAUX STATUTS.

TABLE DES ANCIENS, &c.

SUITE
DE LA TABLE
DES ANCIENS
ET NOUVEAUX STATUTS
DES MARCHANDS BONNETIERS DE ROUEN.

SUITE DE LA TABLE.

F I N.

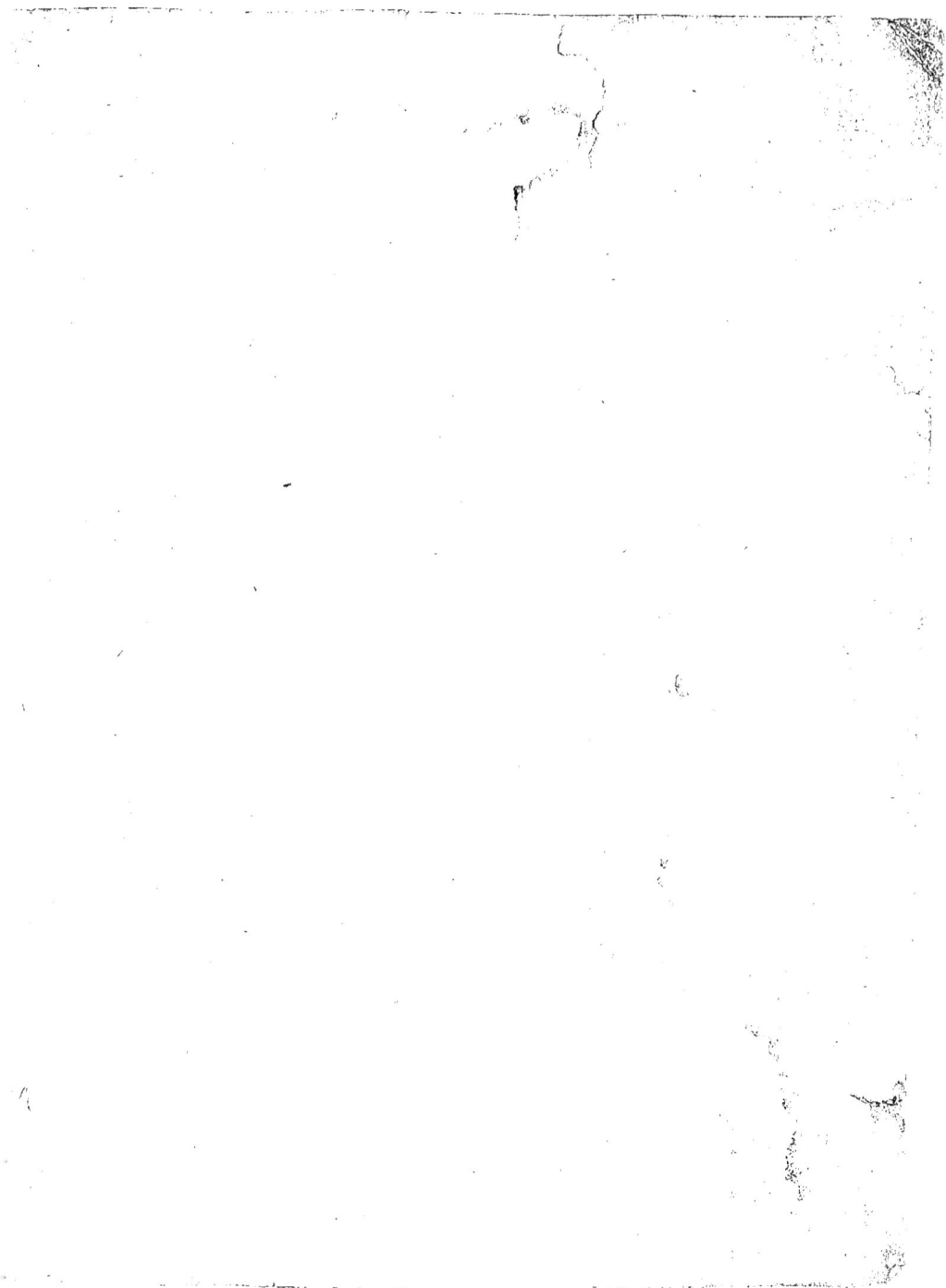

www.ingramcontent.com/pod-product-compliance
Lightning Source LLC
Chambersburg PA
CBHW052056090426
42739CB00010B/2197